ALEXANDER GRAU

ENTFREMDET

ZU KLAMPEN

Reihe zu Klampen Essay
Herausgegeben von
Anne Hamilton

Alexander Grau,
geboren 1968, lebt und arbeitet in München. Er studierte an der Freien Universität Berlin Philosophie und Linguistik. Seit 2003 arbeitet er als freier Publizist, Kultur- und Wissenschaftsjournalist. Seit Juni 2013 schreibt er für »CICERO-online« Kolumnen, in denen er sich wöchentlich mit Fragen des politischen und gesellschaftlichen Zeitgeistes auseinandersetzt. Bei zu Klampen ist zuletzt von ihm erschienene: »Kulturpessimismus. Ein Plädoyer«.

ALEXANDER GRAU

Entfremdet

Zwischen Realitätsverlust
und Identitätsfalle

zu Klampen ESSAY

Inhalt

I. Einleitung

Die Suche nach dem eigenen Selbst ist der Kult unserer Zeit. Ganze Industrien leben davon. Unser Alltag ist darauf ausgerichtet. Der Wohlstandsbürger der westlichen Welt klettert im Hochgebirge, trekkt durch Thailand, bewandert Pilgerpfade, meditiert in Klöstern, verausgabt sich beim Triathlon oder nimmt ein Sabbatical – nur um sich endlich irgendwo selbstzufinden.

Doch er findet sich nicht. Nicht auf den Gipfeln des Himalaya. Nicht beim Apnoetauchen. Und auch nicht beim Hatha-Yoga. Denn der empfundene Selbstverlust ist weder durch Urlaubsreisen noch durch die neuste Trendsportart zu überwinden, sondern gründet in der Verfasstheit moderner Gesellschaften. Die großen Erzählungen haben ausgedient. Die Götter sind tot. Und der Blick nach innen entlarvt eine große Verunsicherung, die durch Erlebnisse und Events zumindest teilweise kaschiert werden soll. Allerdings machen auch die aufregendsten oder exotischsten Erfahrungen das Leben kein bisschen stabiler. Ein Urlaub auf Bali gibt ihm nicht mehr Orientierung als ein paar Tage in der Eifel. Die Verwertungslogik der Massenkonsumgesellschaft ist nicht in der Lage, jene Wunden zu heilen, die sie geschlagen hat.

Groteskes Symbol dieser Entfremdungstendenzen ist das Selfie. Tief verunsichert fotografiert sich der Narzisst der Spätmoderne pausenlos selbst, um sich seiner eigenen fragilen Existenz zu versichern. Euphorisch klammert sich das orientierungslose Ich an sein digitales Abbild. Und weil einem verunsicherten Selbst sogar das eigene Bild als Beweis seiner Existenz nicht ausreicht, stellt es sein Portrait in soziale Netzwerke. Seht ihr mich? Bin das ich? Wie bin ich?

Beklagten vergangene Generationen noch die Verdinglichung des Menschen durch die Gesellschaft, so macht der Mensch unserer Gegenwart sich freiwillig zum Objekt. Nur als Ding, als Ware unter Waren im globalisierten Austausch der Güter fühlt er noch einen Rest an Geborgenheit.

Die allerdings wird im Spiel der immer neuen Moden in Frage gestellt. Jeder ist dazu aufgerufen, sich permanent neu zu erfinden, neue Identitäten und Lebensstile zu entwerfen. Sich ein Leben lang treu geblieben zu sein, wird zum Anachronismus. Gestalten der Popindustrie, deren Marketingkonzept der permanente Imagewandel ist, werden medial zu Vorbildern stilisiert. Der Zustand der Selbstentfremdung wird zum eigentlichen Identitätskonzept.

Entsprechend beginnen spätmoderne Gesellschaften, diesen Identitätsverlust als angeblichen Emanzipationsgewinn zu feiern. Herkömmliche Bindungen werden im Gegenzug diskreditiert. Herkunft, Abstammung und Tradition erscheinen als emanzipationsfeindlich. Geschlechter und Geschlechtsrollen werden in Abrede gestellt. Bewährte Identitätskonzepte gelten als politisch fragwürdig.

Doch der Mensch braucht eine Identität. Auch wenn er meint, man müsse sie um der Selbstfindung willen überwinden. Er findet sie in persönlichen Neigungen, Interessen und Lifestylepräferenzen. In der Folge differenziert sich die Gesellschaft zunehmend in Subkulturen und Submilieus aus, die ihren jeweiligen Mitgliedern den Anschein einer Identität vermitteln.

Aber diese Identität ist fragil. Der Selbstentwurf allein aus dem Zeitgeist und den persönlichen Vorlieben heraus muss scheitern. Das Projekt vollständiger Emanzipation und individueller Selbstfindung droht ins Leere zu laufen. Zudem sind Identität und Selbstwertgefühl auch in einer Emanzipationsgesellschaft von der Anerkennung der Mehrheit abhängig: Der postmoderne Individualist will Applaus für seinen Individualismus. Lediglich toleriert zu werden verschafft keine Identität. Man will geliebt, zumindest anerkannt werden.

Das hat erhebliche normative Konsequenzen: Schutzrechte von Minderheiten mutieren zu Anspruchsrechten gegenüber der Mehrheitsgesellschaft. Ein individualistischer Lebensstil hat nun nicht nur ein Anrecht auf Existenz, er muss bejaht werden. Wer ihm nicht huldigt, verweigert das, worauf der Selbstfindungsprozess zielte – den Beifall für einen idiosynkratrischen Lebensstil.

Deshalb gilt es, jede Form von Beifallsverweigerung zu sanktionieren, zumal sie die Basis moderner Selbstverwirklichungsgesellschaften zu unterminieren droht: ihre Ideologie, ihr Wirtschaftssystem, ihre Institutionen. Nur wer lobt und für gut befindet, setzt nicht herab. Schon Desinteresse gilt als diskriminierend. Der dauergedrückte *Like Button* wird zum Menschenrecht. Zunehmend beginnt eine auf individuellen Befindlichkeiten fußende Simulation die Wirklichkeit zu ersetzen.

Doch Realität ist das, was bleibt, wenn alle sie leugnen. Wunsch und Wirklichkeit prallen irgendwann aufeinander. Die damit einhergehenden narzisstischen Kränkungen versucht man durch eine umfassende psychische Regression aufzufangen. Es kommt zu einer tiefgreifenden Infantilisierung des Verhaltens. Wut, Empörung und Selbstgerechtigkeit bestimmen die gesellschaftliche Auseinandersetzung ebenso wie der Hang zu Weinerlichkeit, narzisstischer Blickverengung und intellektuellem Kitsch.

Entsprechend infantilisiert auch die gesellschaftliche Realität: Treue, Gehorsam, Disziplin und Pflichtbewusstsein verlieren ihren sozialen Status, gesellschaftliche Rituale ihre Bedeutung, tradierte Verhaltensnormen lösen sich auf oder gelten als unzeitgemäß. Hierarchien werden flacher. Im Gegenzug genießen Spaß, Unkonventionalität und Kreativität eine hohe Reputation. Ganze Gesellschaften scheinen in der Pubertät festzustecken. Selbst der

CEO eines Weltkonzerns kommt in T-Shirt und »nachhaltigen« Sneakern daher. Die Fähigkeit des reifen Charakters, ohne zu klagen und zu jammern auch mal Ungleichheiten oder Schieflagen zu ertragen, tendiert gegen Null.

Der *Puer aeternus* und die *Puella aeterna* werden zum Ideal der Epoche, Gefühle radikal ausgelebt. Man heult, schreit, jubelt und zeigt sich wahlweise betroffen oder tief berührt. Emotionskontrolle, seit Jahrtausenden eingeübter Beleg persönlicher Reife, gerät in Vergessenheit. Die Moderne wird endgültig zu ihrer eigenen Karikatur.

Einst mit dem Versprechen in die Geschichte eingetreten, den Menschen Freiheit und Rationalität zu geben, scheitert sie schließlich an sich selbst. Ihre technischen, wissenschaftlichen, ökonomischen und sozialen Versprechen haben sich zwar erfüllt, im gewissen Sinne sogar übererfüllt, doch der psychosoziale und gesellschaftspolitische Preis dafür war hoch.

Mit erstaunlicher Konsequenz entfalten spätmoderne Gesellschaften eine verhängnisvolle Dialektik, die die Verheißungen der Moderne im Moment ihrer Erfüllung in ihr Gegenteil verkehrt. Statt Individualismus regiert Uniformität, Freiheit zeigt sich in Angepasstheit, Vielfalt mündet in der Homogenität einer alles beherrschenden Ideologie. An die Stelle der reifen Persönlichkeit tritt der gealterte Kindskopf. Emanzipation realisiert sich allenfalls als narzisstische Bindungsunfähigkeit. Technik wird nicht beherrscht, vielmehr beherrscht sie die Individuen. Wie Digitaljunkies sitzen die Menschen vor ihren blinkenden, sprechenden und fiependen Geräten, wischen, tippen und scrollen und meinen, damit nicht nur auf der Höhe der Zeit zu sein, sondern sich mündig zu informieren und am gesellschaftlichen Diskurs teilzunehmen. Alexa – sprich mit mir.

Die Suche nach dem authentischen Selbst scheitert zwangsläufig. Denn der Mensch ist das entfremdete Wesen schlechthin. Die Idee eines authentischen, nicht entfremdeten Lebens ist eine Illusion. Schon der banale Hinweis darauf, dass – soweit wir wissen – *Homo sapiens* das einzige Wesen ist, das nach dem Sinn seiner Existenz fragen kann, zeigt, dass zum Menschsein das Gefühl der Fremdheit gegenüber der Welt gehört. Man hat diese Beobachtung in der Vergangenheit unterschiedlich umschrieben. Friedrich Nietzsche sprach vom Menschen als dem »noch nicht festgestellten Tier«, Arnold Gehlen vom »Mängelwesen« und dessen »Weltoffenheit«, und Helmuth Plessner prägte die Formel von der »natürlichen Künstlichkeit« des Menschen.

Diese Künstlichkeit und Weltoffenheit machen den Menschen frei. Weder ist er an seine Instinkte gebunden noch an einen speziellen Lebensraum. Menschen können Pläne machen, sie können sie wieder verwerfen oder korrigieren. Sie haben Visionen und Ideen. Sie können ihre Umwelt verändern, Felder anlegen, Wälder roden und Straßen bauen. Das alles kann auch zerstörerisch sein und dazu angetan, die Lebensgrundlagen des Menschen selbst zu vernichten. Doch zunächst einmal sind diese Fähigkeiten Ausdruck von Intelligenz und Gestaltungswillen. Es ist unsere Künstlichkeit, die uns Kulturräume, Städte, Paläste, Kunstwerke und Epen schaffen lässt. Erst die Entfremdung macht den Menschen zum Menschen.

Doch der Mensch ist nicht nur fremd gegenüber der Welt. Er ist auch fremd gegenüber sich selbst. Die eigene Offenheit, das Unabgeschlossene verunsichert ihn und verleitet ihn zu der Hoffnung oder Vermutung, irgendwo gäbe es sein wahres Selbst – oder zumindest einen Ort, eine Tätigkeit, einen anderen Menschen, bei dem er sich selbst finden könne. Allenfalls kurzfristig gelingt es uns, die Illusion eines festgefügten Lebens aufzubauen, indem wir es etwa in ein bürgerliches Gerüst zwingen. Aber genau dieses Gerüst wird vielen langfristig zur Last, da sie es als selbstverwirklichungsfeindlich erleben. Also suchen sie ihre tatsächliche Identität in einem neuen Leben, neuen Hobbys, neuen Lebenspartnern oder neuen Berufen. Doch das wahre, eigentliche und nicht entfremdete Leben gibt es nicht. Über Jahrhunderte fiel das nicht weiter auf, da die Lebensumstände die Menschen in festgefügte Rollen pressten. Doch die Industrielle Revolution pulverisierte in kürzester Zeit das Korsett, in das die Menschen eingebunden waren.

Keiner hat das klarer formuliert als Karl Marx. Alle bisher mit ehrwürdiger Scheu betrachteten Tätigkeiten, schreibt er zusammen mit Friedrich Engels im »Kommunistischen Manifest«, habe der Bourgeois ihres Heiligenscheins entkleidet, den Familienverhältnissen ihren rührend-sentimentalen Schleier abgerissen. Und mit hörbarer Genugtuung stellen beide fest: »Alle festen eingerosteten Verhältnisse mit ihrem Gefolge von altehrwürdigen Vorstellungen und Anschauungen werden aufgelöst, alle neugebildeten veralten, ehe sie verknöchern können. Alles Ständische und Stehende verdampft, alles Heilige wird entweiht.«[1]

Für Marx ist der Mensch von Natur aus ganz bei sich. Erst die historisch gewachsenen Ausbeutungsverhältnisse entfremden ihn von sich selbst und der Gesellschaft. Insofern erweist sich das Zerstörungswerk der Bourgeoisie als erster Schritt zum authentischen Selbstsein des Menschen. Der endgültigen Befreiung steht lediglich der Privatbesitz an Produktionsmitteln entgegen. Er zwingt die Masse des Proletariats in entfremdete Arbeitsprozesse. Da der Mensch aber erst in der Arbeit sich selbst und seine Welt erzeugt, verliert der Arbeiter so nicht nur jeden Bezug zu seiner Tätigkeit, sondern auch zu seinem Menschsein und damit zur menschlichen Gemeinschaft. Die entfremdete Arbeit macht den Menschen

1 K. Marx/F. Engels, Manifest der kommunistischen Partei, S. 465.

»zu einem ihm *fremden* Wesen« und bewirkt damit zugleich die »*Entfremdung des Menschen* von dem *Menschen*«.[2]

Marx' Entfremdungstheorie war der letzte Versuch, das moderne Gefühl des Selbstverlustes und der Fremdbestimmtheit ökonomisch zu erklären. Er musste scheitern. Denn Entfremdung und Selbstverlust sind kein Privileg der Besitzlosen. Die Freiheit, die ökonomische Unabhängigkeit mit sich bringt, entlarvt die Selbstentfremdung mitunter schonungsloser als die stupideste Arbeit. Marx hätte das wissen können. Denn die Entzauberung der Welt, die der Kapitalismus zur Folge hatte, führt unter den Bedingungen der technischen Moderne zur Fetischisierung der Ware: Die Produkte scheinen sich vom Produzenten und vom Produktionsprozess zu lösen. Die Warenwelt führt ein Eigenleben, dessen Logik von der menschlichen Gesellschaft abgekoppelt ist: »Die eigene Tat des Menschen wird ihm zu einer fremden gegenüberstehenden Macht, die ihn unterjocht, statt dass er sie beherrscht.«[3] Menschliches Leben und Warenwelt verschmelzen ineinander. Konsum, Leben oder Lebensanschauung werden eines. Der Mensch baut sich sein eigenes Zwangssystem.

Eine Grundthese des hier vorliegenden Essays ist: Marx hatte recht. Die Suche nach Identität qua Kon-

---

2 K. Marx, Ökonomisch-philosophische Manuskripte, S. 517.

3 K. Marx/F. Engels, Deutsche Ideologie, S. 33.

sum von Dingen, Orten und Ereignissen muss scheitern. Der Versuch der Emanzipation schlägt um in Abhängigkeit. Doch für das bürgerliche Bewusstsein kann nicht sein, was nicht sein darf. Schließlich beruht seine Ideologie ganz wesentlich auf dem Versprechen individueller Autonomie qua Fortschritt, Wohlstand und Produkterwerb und der Überzeugung, Ingenieur der eigenen Identität zu sein.

Die epochemachende Antwort auf dieses Dilemma gab Sigmund Freud: Nicht die gesellschaftlichen Umstände stehen dem Gefühl der Selbstidentität entgegen, es ist das Ich selbst. Oder genauer: Jenes Ich, das erst durch Erziehung, Wertevermittlung und Zivilisation anerzogen wird und sich wie ein Panzer über das eigentliche Ich legt. Freuds Tiefenpsychologie verband somit die romantisch-protestantische Innerlichkeitskultur des Bürgertums mit den ideologischen Grundlagen einer kapitalistischen Wirtschaftsordnung: Ursache psychologischer Verwerfungen ist nicht etwa das ökonomisch-technische System, sondern die Psyche des Individuums, die entsprechend einem Prozess der Selbstoptimierung unterzogen werden muss.

Die Folge ist eine nachhaltige Psychopathologisierung des Lebens. Die narzisstische Nabelschau einschließlich der Therapie eingebildeter Probleme gerät zu einem Leitmotiv westlicher Wohlstandsgesellschaften. Man suhlt sich in seinen Befindlichkeiten und beschäftigt sich vorzugsweise mit dem eigenen Innenleben. Eigentliches Ziel ist es, einen

Schuldigen zu finden, also jene Personen oder Ereignisse zu identifizieren, die verantwortlich dafür sind, dass man nicht bei sich selbst ist. Es entsteht eine ganze Industrie von Beratern, Therapeuten, Analytikern und Coaches, die dem nach sich selbst suchenden Selbst den Weg aus dem Irrgarten unbewusster Blockaden und Hemmungen weisen sollen. Das Karussell narzisstischer Selbstbespiegelung dreht sich immer schneller und schneller. Ursache des jeweiligen Unwohlseins ist nicht etwa die eigene infantile Persönlichkeitsstruktur, die das selbstmitleidige Ich von Regression zu Regression treibt, sondern – wahlweise – die Eltern, die Schule, der Partner oder die Gesellschaft.

Freuds ideengeschichtlicher Triumph über Marx fußt letztlich darauf, ein kapitalismuskompatibles Konzept der Überwindung der Selbstentfremdung entworfen zu haben. Mehr noch: Erst die Massenkonsumgesellschaft hilft dabei, die letzten Beschränkungen einzureißen, die dem nach Authentizität strebenden Ich im Wege stehen: Familie, Hierarchien, bürgerliche Umgangsformen. Freud selbst hatte sich zwar gegen diese vereinfachende Kulturkritik verwahrt. Vielmehr sei es die Aufgabe der Menschheit, »einen zweckmäßigen, d. h. beglückenden Ausgleich zwischen individuellen und den kulturellen Massenansprüchen zu finden«[4]. Doch das nach Freiheit, Authentizität und Selbstverwirk-

4 S. Freud, Das Unbehagen in der Kultur, S. 456.

lichung strebende Selbst will keinen Ausgleich. Es will endgültig alle bürgerlichen Repressionsinstrumente überwinden und ein radikal nonkonformistisches Leben leben, das es erst erlaubt, ganz bei sich selbst zu sein.

Das Ergebnis nach fünf Jahrzehnten Kulturrevolution ist allerdings mehr als ernüchternd: Zwar sind inzwischen auch die letzten Restbestände alteuropäischer Kultur nahezu abgeräumt und desavouiert. Doch der Mensch ist noch immer nicht bei sich. Die Rebellion im Namen von Emanzipation und Selbstsein greift nicht mehr. Sie will überwinden, wo es nichts mehr zu überwinden gibt. Sie will entlarven, wo alles entlarvt ist: »Ihr Wunsch, die Systeme zu verflüssigen, schlägt in sein Gegenteil um. Den Systemen werden neue Ebenen eingezogen, ihre Komplexität wird gesteigert, was ihnen eine Zähigkeit verleiht, welche weit über das hinausgeht, was zuvor der Fall war.«[5]

Das Projekt der Überwindung der Entfremdung scheitert an seinen eigenen Widersprüchen. Je heterogener eine Gesellschaft wird und je schneller soziale Beziehungen, Institutionen und Präferenzen sich wandeln, desto kleiner wird die Basis an gemeinsamen Überzeugungen, Ritualen und Regeln und umso schneller schwindet damit die Gewissheit von Stabilität und Orientierung. In dem

---

5 R. P. Sieferle, Epochenwechsel, S. 236 f.

Versuch, die dadurch entstehende Verunsicherung zu kompensieren, organisiert sich die Gesellschaft in immer neuen Strukturen. Der Komplexitätsgrad nimmt zu. Die damit einhergehende Unübersichtlichkeit und Regelungsdichte droht den Einzelnen zu überfordern. Was einmal Aufklärung war, geht unter in einem gewaltigen Rauschen. Am Ende steht der verlorene Mensch, der seine Verlorenheit nicht einmal mehr bemerkt. Schon Herbert Marcuse hat daher darauf hingewiesen, dass der Begriff der Entfremdung fraglich wird, »wenn sich die Individuen mit dem Dasein identifizieren, das ihnen auferlegt wird«.[6] Das falsche Bewusstsein wird zum wahren Bewusstsein. Ideologie geht in Wirklichkeit auf.

Dass die Entfremdungskritik seit Jahrzehnten aus dem Mode gekommen ist, kann vor diesem Hintergrund nicht überraschen. Denn Entfremdungskritik setzt ein Bewusstsein für Entfremdung voraus, also etwas, das in den hochtechnisierten Emanzipationsgesellschaften westlicher Prägung nur noch unterschwellig vorhanden ist. Allenfalls im Konsumverhalten deutet sich bezeichnenderweise die Sehnsucht nach Authentizität an. Denn auch das Ursprüngliche und Unverfälschte wird konsumierbar. Jeder Bioladen, jedes handgeschmiedete Küchenmesser und jedes das herrliche Landleben beschwörende Hochglanzmagazin ist ein Zeugnis dieses Bedürfnisses nach dem Echten. Der an den

6 H. Marcuse, Der eindimensionale Mensch, S. 31.

Segnungen der Zivilisation zweifelnde Wohlstandsbürger bekämpft seine unterschwellig empfundene Entfremdung mit Ökoprodukten, handgenähten Arbeiterstiefeln und Craft Beer.

Angesichts der Regelungsdichte spätmoderner Gesellschaften ist es naheliegend, Entfremdung als Verlust von Freiheit zu beschreiben.[7] Allerdings übersieht diese Diagnose, dass das moderne Konzept von Freiheit selbst schon ein Produkt einer Entfremdungserfahrung ist. Arnold Gehlen hat darauf aufmerksam gemacht.[8] Das bedeutet aber zugleich, dass das Fremdsein gegenüber der Welt auch ein hohes Emanzipationspotential hat. Es öffnet Perspektiven. Es setzt in Distanz, wo unter Umständen zu viel Nähe war. Entfremdung schafft Freiheit. In einer emanzipationsfixierten Konsumgesellschaft jedoch mutiert Freiheit selbst zum Zwang, der in die endgültige Entfremdung zurückführt.

Wir werden daher unsere Freiheit und Autonomie nur dann wahren, wenn wir das Fremdsein, die Entfremdung aushalten. Die Vorstellung, man könne mit Hilfe von Selbstverwirklichungsstrategien, Selbstoptimierungskonzepten, Eskapismus oder einfach dem richtigen Lifestyle sich selbst finden, ist lächerlich und die Sehnsucht nach dem Authentischen naiv. Alle ideologischen, politischen

---

7 Wie etwa R. Jaeggi, Entfremdung, S. 53 f.

8 Siehe A. Gehlen, Über die Geburt der Freiheit aus der Entfremdung.

oder konsumistischen Versuche, die Entfremdung zu überwinden, scheitern zwangsläufig. Das Ergebnis ist der endgültige und umfassende Autonomieverlust, der sich selbst nicht mehr wahrnimmt, da er sich als selbstbestimmt begreift. So schraubt sich der Mensch der Moderne in eine Spirale der Selbstentfremdung hinein, in der die Methoden zur Selbstbefreiung ihn immer weiter in ein Netz gesellschaftlicher und ideologischer Abhängigkeiten treiben. Die allgegenwärtige Selbstverwirklichungspropaganda wird zum Kerker.

Autonomie und wirkliches Selbstsein kann es daher nur im Zustand bewusster Entfremdung geben. Diese aber setzt Einsamkeitsfähigkeit voraus und die Bereitschaft, sich loszusagen von vermeintlichen gesellschaftlichen und moralischen Verpflichtungen, mit denen die Apologeten des Zeitgeistes Freiheit im Keim ersticken. »Im Menschen fällt die Entscheidung; niemand kann sie ihm abnehmen.«[9]

---

9 E. Jünger, Der Waldgang, S. 336.

II. Selbstfindungswahn, Narzissmus und Realitätsverlust

Γνῶθι σεαυτόν stand einst über dem Tempel zu Delphi: Erkenne Dich selbst. Selbsterkenntnis setzt allerdings eine gewisse intellektuelle Anstrengung voraus. Gemeint ist, sich über die verschiedenen Facetten der eigenen Persönlichkeit klar zu werden. Über ihre Struktur. Ihren Wandel. Selbsterkenntnis ist mitunter unangenehm.

Daher will der Mensch der Moderne sich gar nicht selbst *erkennen*, er will sich vielmehr selbst entdecken, sich selbst aufspüren oder, besser noch, sich selbst machen. Ihm geht es nicht um ein schonungsloses Begreifen seiner eigenen Existenz, sondern um innere Zufriedenheit, um mentale Wellness. Die Ideologie der Selbstfindung führt direkt ins Nirwana der Gefühligkeit. Das Selbst, das sich finden will, löst sich auf. Es zerrinnt im Schwulst des Empfindens. Das Projekt Aufklärung, einmal mit René Descartes' trotziger Initialzündung »Ich denke, also bin ich« gestartet, versinkt im wabernden Nebel des Sichselbst-Erlebens. Die Analyse hat abgedankt. Die Achtsamkeit feiert Triumphe. Was für eine Farce.

Doch gehen wir noch einmal zurück. Dass der Mensch innerhalb eines gewissen Rahmens frei und seines Glückes Schmied sei, ist nicht erst in der Moderne aufgefallen. Doch die Freiheit des Menschen wurde immer als eine eher theoretische wahrgenommen. Die ältesten Dichtungen der Menschheit – vom »Gilgamesch-Epos« bis zu Homer – schildern den Menschen als ein Wesen, das zwar eine gewisse Entscheidungsfreiheit hat. Doch faktisch ist er in ein Netz aus Schicksal und Vorsehung verstrickt. Etwas modernisiert und akademisch ausgedrückt: Der Mensch ist physisch frei, aber metaphysisch limitiert. Deshalb erscheinen die antiken Götter auch als Kondensat des Menschlichen. An ihnen wird das menschliche Los deutlicher als an den Menschen selbst. Denn Götter sind Unsterbliche. Die Macht des Schicksals, der auch sie unterliegen, kann hier nicht verwechselt werden mit körperlichen Unzulänglichkeiten. An den archaischen Göttern zeigt sich, dass der Mensch auch dann nicht frei wäre, wenn er unsterblich wäre. Seine Unfreiheit hat keine physischen Ursachen. Sie liegt in der Konstitution der Welt.

Das ist keine schöne Botschaft. Deshalb ist die Moderne bestrebt, die Grundkonstellation einfach umzudrehen. Der moderne Mensch fühlt sich metaphysisch frei, aber physisch limitiert – durch Herrschaftsverhältnisse, Hierarchien, Rollenzwänge und, last but not least, seinen Körper. Sollte es ihm jedoch gelingen, den physischen Ballast hinter sich zu lassen, so die moderne Utopie, könnte der Mensch wirklich frei und bei sich selbst sein. Das eigene Selbst stellt dabei etwas dar, was nicht in der oder durch die Realität zu verwirklichen ist, sondern im Grunde erst durch deren Überwindung. Denn erst, wenn er die Realität hinter sich gelassen hat, so die etwas krude Idee, ist der Mensch ganz bei sich. Die Vorstellung, dass das Ich sich erst von einem Körper emanzipieren muss, um bei sich selbst zu sein, ist dann nur konsequent. Im Gedanken der Selbstsuche ist der Realitätsverlust schon angelegt.[1]

Allerdings hätte diese Idee der Selbstfindung in der Moderne keinen so durchschlagenden Erfolg gehabt, wenn sie nicht in der Tiefe der menschlichen Psyche angelegt wäre. Wäre die Vorstellung der Selbstsuche und Selbstfindung tatsächlich ausschließlich ein Produkt moderner Gesellschaften und ihrer technisch-ökonomischen Bedingungen, hätte sie niemals zu einem globalen Massenphänomen werden können.

Damit drängt sich eine naheliegende Frage auf: Wie kommt es eigentlich, dass der Mensch sich auf eine Selbstsuche macht? Schließlich muss man ja ein Selbst sein, um auf Selbstsuche gehen zu können. Liegt hier ein Denkfehler vor? Nicht ganz. Menschen handeln nicht ausschließlich instinktiv.

---

1 Einschlägig dazu Judith Butler: »Das biologische Geschlecht wird nicht mehr als ein körperlich Gegebenes ausgelegt, dem das Konzept des sozialen Geschlechts künstlich auferlegt wird, sondern als eine kulturelle Norm, die die Materialisierung von Körpern regiert.« In: Körper von Gewicht, S. 22.

Sie treffen Entscheidungen. Dafür müssen sie Alternativen abwägen: Soll man in diesem Tal bleiben oder nicht? Soll man noch einmal auf die Jagd gehen oder nicht? Um solche Fragen zu beantworten, braucht man Vorstellungskraft: die Fähigkeit, sich alternative Welten oder Geschichten auszudenken. Diese Imaginationsfähigkeit ist die Basis unserer Freiheit. Ohne die Fähigkeit, sich verschiedene Alternativen vorzustellen, wäre die Fähigkeit, frei zu wählen, ziemlich überflüssig.

Die Befähigung, sich mögliche Welten auszudenken, macht den Menschen jedoch nicht nur frei. Sie macht ihn zugleich zu einem Epiker und Utopisten. Irgendwann muss ein erster Poet begonnen haben, mögliche Planungsalternativen auszuschmücken, weiterzuspinnen und zu einer Erzählung zu machen. So eröffnete die Imaginationsfähigkeit dem Menschen die Möglichkeit, Epen, Sagen und Märchen zu dichten. Von dort war der Weg in die Realutopie, also die Vision einer besseren, schöneren, lebenswerteren und gerechteren Welt, nicht weit.

Doch der träumende Mensch kann sich nicht nur eine bessere Welt oder eine bessere Gesellschaft vorstellen. Er kann auch sich selbst als etwas Besseres imaginieren, als großen Helden, strahlenden Sieger und unbezwingbaren Kämpfer. Narziss, der Jüngling, der sich in sein eigenes Spiegelbild verliebt und dabei zugrunde geht, ist nicht ohne Grund eine der zentralen Gestalten der Mythologie. Denn der Narzissmus ist das direkte Ergebnis unseres Imaginationsvermögens. Man kann daher mit gutem Grund sagen: Erst die Fähigkeit zum Narzissmus macht uns zu Menschen. Sie macht kreativ, motiviert und treibt an. Zugleich ist sie die Ursache maßloser Selbstüberschätzung, der ewigen, grundlosen Selbstverliebtheit, die es nicht ertragen kann, nicht im Mittelpunkt zu stehen.

Dabei ist die Sucht nach dem Applaus der anderen keine Bestätigung des Selbst, sondern eine Flucht in dessen Schein. Der Beifall der anderen ist nichts anderes als die Seeoberfläche, der Spiegel, in dem sich der Narzisst betrachtet. In spätmodernen Mediengesellschaften wird genau das zum Problem. Lieber flüchtet man sich in den medialen Schein der Likes und der wohlfeilen Zustimmung jener, die alles gut finden, als sich der Wirklichkeit zu stellen. Dort lauern nämlich böse Überraschungen.

Die Selbstfindung durch die Konfrontation mit der Welt kann schmerzhaft sein. Schließlich ist jede Selbstfindung auch immer eine Selbstverletzung, eine Kränkung: Indem das Selbst sich findet, begreift es sich als defizitär, als unvollständig. Das erweist sich oft als ernüchternd. Das Selbst, das man in Realität findet, ist eben nicht immer der große Held. Der Mensch ist daher ein »Selbstfindling«, wie Peter Sloterdijk es formuliert hat. Und er betont zu Recht: »Wäre der Mensch ein Wesen, das sich von Natur aus selbst sucht, so wäre das Sichfinden weniger befremdlich. Doch der Skandal des Menschen besteht darin, dass er sich finden kann, ohne sich gesucht zu haben.«[2] Genau deshalb fühlt sich das Sichselbstfinden, also das brutale, ungeschminkte Bewusstwerden der eigenen Existenz, »der Riss im Gehirnkino, das sich für Denken hält«, fremd an. Man ist sich selbst rätselhaft. »Man ist auf sich selbst gestoßen und kann sich nicht gebrauchen.«[3]

Was also tun mit diesem Selbst, das sich irgendwo überflüssig ist und schleierhaft? Wohin mit dem überschüssigen Utopiepotential in eigener Sache? Die einfachste Lösung: die Integration der privaten narzisstischen Projektionen in eine größere, eine kollektive Aufgabe. So wird jede Rodung eines Waldes, jeder Bau eines Hauses, jede Jagd und jeder Beutezug zu einer Heldengeschichte, deren Teil man ist. Die eigene faktische Bedeutungslosigkeit kann sich in kollektiven Taten sonnen. Jeder wird zu einem kleinen Helden.

Damit das funktioniert, bedarf es jedoch eines kulturell beglaubigten Identitätscodes, eines Heldensystems, also eines Bündels von Normen und Leistungen, an das sich der einzelne halten muss, um seine Selbstsuche, seine Sehnsucht nach Superiorität zu befriedigen. Skeptikern ist daher schon immer aufgefallen, dass die Moral nicht nur die Aufgabe hat, sozialen Frieden zu stiften und das

---

2 P. Sloterdijk, Weltfremdheit, S. 17.

3 Ebd., S. 18.

Gemeinwesen zu organisieren. Moralisch zu leben ist zugleich die Heldentat des kleinen Mannes. Hier kann sich das narzisstische Bedürfnis all jener abarbeiten, die innerhalb des vorgegebenen Heldensystems keine Großtaten vorweisen können. Das Alltagsheldentum beweist sich im Einhalten von Geboten. Und darin, andere an die geltenden Regeln zu erinnern.

Aus diesem Grund waren moralische Normen über Jahrhunderte vor allem asketisch. Es ging um Enthaltsamkeit, um das ewige: Begehre nicht! Denn Verzicht ist eine Herausforderung. Es verzichtet sich nicht leicht. Die damit verbundene Anstrengung und Selbstdisziplin adelt den moralischen Alltagshelden zusätzlich. Der Kanon der klassischen Sekundärtugenden – Fleiß, Ordnung, Gehorsam – ist daher der Paradeplatz des Alltagsheldentums. Hier kann man sich beweisen. Hier wird einem etwas abverlangt, das zu erreichen man in der Lage ist. Zur Not mit ein wenig Heuchelei. Die Selbstsuche befriedigt sich im Befolgen allgemeiner Regeln. Das narzisstische Bedürfnis erfüllt sich daran, etwa besonders streng und außergewöhnlich diszipliniert zu sein. Zumindest nach außen hin.

Potenziert wurde diese Selbstfindung qua Regelbefolgung durch Religionen, die Normen auf die Ebene von Geboten heben und Verstöße zu Sünden machen. Hier findet das Selbst, das mit sich selbst nichts anfangen kann, nicht nur Bestätigung, sondern einen Raum, der es in die Nähe des Göttlichen rückt. Das narzisstische Ich ist nun nicht nur bei sich – also seinem Ich-Ideal –, sondern zugleich auch in einem transzendenten Bereich, der die eigene endliche Existenz übersteigt.

Diese Selbstfindung im Alltagsheldentum des Regelbefolgens wurde noch einmal im Zuge der Sesshaftwerdung gesteigert, durch die Gründung von Höfen, Dörfern und Städten. Denn die Siedlung verdammt den Jäger zum Dasein als Bauer oder Handwerker, also zur Selbstbestätigung bei einer regelmäßigen Arbeit, im Einhalten eines festen Zeitrhythmus, fester Rituale und der Beachtung sozialer Strukturen. Die neolithische Revolution markiert daher eine der wenigen echten »Kulturschwellen«, da sie alle Bereiche des Menschen – Ernährung, Produktion, Handel, sozialen Status – komplett neu strukturiert und dadurch andere Strategien individueller Identitätsfindung erfordert. »Die Ablösung der lebensnotwendigen Weltdinge von der Irrationalität des Vorfindbaren und die Befreiung von der endlosen Nahrungssuche und Nahrungsbeschaffung«, so Arnold Gehlen daher, »müssen sich als neugewonnene Daseinssicherheit ausgewirkt und ganz neu geistige Horizonte erschlossen haben«.[4]

Faktisch bedeutete dies, dass das einzelne Individuum nun freier und autonomer war, zugleich aber in einer komplexen, sozial reglementierten

4 A. Gehlen, Urmensch und Spätkultur, S. 54.

Siedlungsgemeinschaft größeren sozialen Restriktionen und Differenzierungen ausgeliefert war. Das Dorf, erst recht die Stadt, erwies sich als zwiespältiger Raum, der Emanzipationsmöglichkeiten schuf, das Sozialleben aber zugleich stärker durchorganisierte. Schon in den Städten der Antike zeichnen sich daher Selbstfindungsstrategien ab, die in der Neuzeit zum Massenphänomen werden: Flucht in den Hedonismus, neurotische Selbstkontrolle, Fixierung auf das Innere und schließlich der Rückzug ins Spirituelle und Metaphysische. »Ein neuer Typus von weltfremden, weltflüchtigen, weltüberfliegenden Menschen tritt auf den Plan. Sie denken mit einem Mal über große Negationen und Umwandlungen aller Dinge nach; eine unbekannte Leidenschaft für das Nichtseiende, Andere, Jenseitige und Weltferne ergreift von dieser Pioniertruppe Besitz.«[5]

In den Städten der Antike entsteht so eine Avantgarde der ewigen Moderne, auf der Dauersuche nach sich selbst. Man flieht ins dionysische Erleben, findet Selbstbestätigung im Einhalten sozialer Kontrollnormen und in der Unterwerfung, versteigt sich in die geistige Innenschau oder verliert sich in Esoterik und Übersinnlichem. Hier zeigt sich erstmals das sich selbst suchenden Selbst unter den Bedingungen der sesshaft gewordenen Gemeinschaft.

5 P. Sloterdijk, Weltfremdheit, S. 54.

Die zweite große Kulturschwelle der Menschheit markiert die Industrielle Revolution. Weder die Erfindung des Monotheismus noch der Frömmigkeits- und Kulturwandel, den wir mit Renaissance, Reformation, Gegenreformation und Entdeckungsfahrten assoziieren, hat die Lebenswelt der Menschen in vergleichbarer Weise erschüttert. Die Moderne und die mit ihr verbundene wissenschaftliche und technische Revolution markiert daher nicht einfach nur eine Epoche. Es handelt sich um eine Zäsur, deren Tiefe und Ausmaß von unserem heutigen Standpunkt kaum einzuschätzen ist. Hier ändern sich nicht nur Mentalitäten, Kulturtechniken oder Denkweisen. Claude Lévi-Strauss' Frage, »ob die ideologischen Explosionen, die sich seit bald einem Jahrhundert ereignen und sich auch weiterhin ereignen [...], nicht Reaktionen der Auflehnung angesichts der Lebensbedingungen sind, die sich gegenüber denen der Vergangenheit brutal verändert haben«,[6] ist daher mit Nachdruck zu bejahen. Am Ende dieses Prozesses wird die Menschheit selbst eine andere sein und sich in ihren Techniken, Lebensweisen und ihrem Selbstverständnis grundlegend von allen menschlichen Wesen unterscheiden, die zuvor gelebt haben. Die zweite große Kulturschwelle der Menschheit: Wir haben soeben erst begonnen, sie zaghaft zu überschreiten.

---

6 C. Lévi-Strauss, Anthropologie in der modernen Welt, S. 51.

Die psychosozialen Verwerfungen mit denen sich der vorliegende Essay beschäftigt, sind unter dieser Perspektive nichts anderes als Symptome der Erschütterung, die durch die Ablösung der neolithischen durch die automatisierte und technisierte Welt entstehen und deren tatsächliche Folgen erst in den kommenden hundert Jahren abzuschätzen sein werden. Falls es dann überhaupt noch jemanden gibt, der sie abzuschätzen gewillt ist.

Von den oben angesprochenen klassischen Selbstfindungsstrategien haben nur der klassische Hedonismus und die Flucht in die Innerlichkeit den Eintritt in die Moderne überstanden. Askese als Weg zur Selbstfindung ist in der digitalisierten Massenkonsumgesellschaft denkbar unpopulär und allenfalls als Interruptus des Konsumrausches denkbar – etwa als Heilfasten oder Meditieren im Kloster. Hier wird Enthaltsamkeit konsumiert und Konsumenthaltung zelebriert. Die Entsagung wird zum Event, mit dem man sozial punkten kann, ähnlich einem prestigeträchtigen Urlaub. Die Fastenkur nach Buchinger gehört daher in den städtischen Milieus der Modernen und Fortschrittlichen inzwischen ebenso zu den Must-Do's wie der Urlaub in Thailand oder auf den Malediven.

Entsprechend ist auch das Fasten vor Ostern nur scheinbar überraschend zum neuen Hype avanciert. Was noch vor wenigen Jahren nur ein paar ewiggestrige Katholiken veranstaltet haben, gehört heute zum progressiven Lifestyle. Dabei geht es nicht wirklich ums Fasten, also um Entsagung, sondern um Gewinn: Gewinn an Gesundheit, an sozialer Anerkennung und der Lust an der Selbstüberwindung. Das vorösterliche Fasten ist zum sinnentleerten Spaßevent mutiert, an dem man etwas für das eigene Wohlbefinden und die sommerliche Badefigur tut. Fasten for Fun.

Doch Fasten bedeutete ursprünglich einmal Weltüberwindung. Im Fasten befreite sich der Gläubige von weltlichen Bedürfnissen, um frei für Gott zu sein. In der Fastenzeit sollte nichts ablenken von dem Höchsten. Zumindest diese absolute Fixierung ist dem Fasten geblieben. Nur dass der Mensch der Moderne sich selbst das Höchste ist, dessen ganze Aufmerksamkeit die Fastenzeit gilt. Denn anderslautenden Gerüchten zum Trotz ist ihm die Transzendenzdimension vollkommen abhandengekommen. Am deutlichsten sieht man das an den Kirchen selbst, die sich ausschließlich weltlichen Belangen verschrieben haben, von der Flüchtlingsrettung über den Klimaschutz bis zur Diversitätspolitik. Das Bekenntnis zu Gott bleibt allenfalls formelhaft. Statt dessen huldigt man einer diesseitigen und süßlichen Menschlichkeitsreligion. Die Weltentsagung früherer christlicher Jahrhunderte ist dem modernen säkularisierten Christentum fern. Ihre kulturelle Überlieferung, ihre Musik, ihre Gebete und Kunst werden als Relikte einer überholten Epoche betrachtet. Dazu passt, dass die letzten Klöster, ursprünglich als Orte des spirituellen

Rückzugs und der *Vita contemplativa*, zunehmend zu Wellness-Oasen umfunktioniert werden, in denen gestresste leitenden Angestellte zu sich selbst finden wollen. Ob es sich dabei um ein katholisches Kloster in Oberbayern oder ein buddhistisches Kloster in Thailand handelt, ist unerheblich. Der religiöse Ursprung gerät zur austauschbaren Folklore, zur Kulisse individueller Entspannung. Hauptsache, er vermittelt dem sinnsuchenden Großstädter einen Hauch spiritueller Exotik.

Konsequenterweise wird das Kloster zu einem Produzenten von Authentizität umgedeutet. Von der Biomilch über den Ökokäse bis zur Kräutersalbe konsumiert man »Gutes aus Klöstern«. Kaum etwas verdeutlicht den Ausverkauf der letzten Restbestände monastischer Kultur treffender als ihre Funktion als Lieferant edler Hochpreisprodukte. Hier wird der tägliche Ablasshandel ganz neu zelebriert: Erlösung von den Sünden des Massenkonsums durch den Erwerb nachhaltiger Erzeugnisse. Seelenheil dank benediktinischer Körperlotion.

In der radikal säkularisierten Gesellschaft der Moderne gerät die Befriedigung körperlicher Bedürfnisse zur denkbar höchsten spirituellen Erfüllung. Die sprachlichen Transzendenzformeln, die dabei verwendet werden, dürfen nicht darüber hinwegtäuschen, dass die zelebrierte Spiritualität entschieden diesseitig ist. Das erklärt auch den Erfolg fernöstlicher Religiosität. Die kulturfremde Sprache des Buddhismus und der Yogis ermöglicht dem narzisstischen westlichen Selbstsucher, Transzendenz zu spielen, wo lediglich Nabelschau praktiziert wird. Die Unendlichkeit oder das Nichts, die der meditierende Wohlstandsbürger dabei zu spüren meint, ist seine eigene innere Leere.

Ähnlich wie die Selbstfindung qua Weltentzug unter den Bedingungen der Moderne in die absolute Verweltlichung mündet und Askese in Edelkonsum, so scheitert auch die Selbstfindung via Disziplin, wie sie noch zu Beginn der Moderne Teil des bürgerlichen Selbstverständnisses war. Denn in einer hedonistischen Wohlstandsgesellschaft ist Disziplin ein Konsumhindernis. Gefragt ist der undisziplinierte Charakter, der sich von Angeboten, Rabattaktionen und Modetrends mitreißen lässt. Entsprechend ändert sich in den westlichen Gesellschaften mit dem Massenwohlstand die Alltagskultur. Klassische bürgerliche Normen wie Zurückhaltung, Bescheidenheit und Selbstbeschränkung werden als Tugenden des Kleinbürgers lächerlich gemacht. Als weltgewandt, modern und zeitgemäß gilt der lockere, spontane und ungezwungene Auftritt, der bei näherer Betrachtung nichts anderes ist als Nachlässigkeit und Mangel an guten Manieren. Der Hinweis, man habe sich in einer bestimmten Weise zu benehmen, weil es sich so gehöre, überzeugt nicht mehr. Die Autorität der Überlieferung ist auch in diesem Bereich gebrochen. Maßstab des gesellschaftlichen Miteinanders und des sozialen

Habitus ist das scheinbar Zwanglose, Natürliche und Authentische.[7]

Das ist konsequent. Denn nach dem Zerfall der bürgerlichen Welt, also der letzten historischen Ausformung der neolithischen Menschheitsepoche, bleibt kein allgemeinverbindliches Regelwerk an Normen, Konventionen und Ritualen übrig, an dem sich die identitätsstiftende Suche nach sozialer Anerkennung erfüllen könnte. Das Heldensystem ist passé, die Alltagshelden finden keine soziale Bestätigung mehr.

Wenn jedoch aufgrund der sozialen Fragmentierung der tradierte kulturelle Überbau als Code der Selbstbestätigung entfällt, wird das Individuum auf sich selbst als Normgeber und Maßstab zurückgeworfen. Das ergibt ein nicht unerhebliches Dilemma. Wie soll ein Ich, das auf der Suche nach Bestätigung und Selbstwertgefühl ist, sich selbst Maßstäbe für ein gelungenes Selbstsein setzen? Nur ein Selbst, das sich seiner selbst sicher ist, kann sich selbst zur Norm werden. Also flieht der Mensch der späten Moderne in eine vermeintliche Echtheit. Wenn es keine Maßstäbe mehr gibt, die mich als Selbst beglaubigen, dann gibt es vielleicht immerhin eine Basis, einen Urgrund, wo das Ich es selbst

---

7 Es entsteht das, was Gehlen den konfliktfreien Menschen nennt: »Es ist der Mensch der verkleinerten Maßstäbe, der wahrscheinliche Mensch im Sinne der Entropie, der Mensch im Stile Louis-Philippes, von dem Tocqueville sagte: habgierig und sanft.«, In: Urmensch und Spätkultur, S. 121.

ist. Entsprechend gewinnen Authentizität und Natürlichkeit in der zweiten Hälfte des 20. Jahrhunderts zunehmend an Wert. Massiv unterstützt wird diese Entwicklung durch den Niedergang sozialer Hierarchien und sozialer Rituale. Wo Umgangsformen und Etikette im Namen von Emanzipation und Antiautoritarismus diskreditiert werden, genießt umgekehrt das Ungeschliffene, Direkte und vermeintlich Echte soziale Reputation. Am Essenstisch, im Konzertsaal oder im Büro fallen die Verhaltens- und Kleidungskonventionen, statt dessen gibt man sich »locker«.

Da es aber in einer zunehmend heterogenen Gesellschaft keinen wirklichen Maßstab für Authentizität geben kann, zerfasert die Vorstellung des »Echten«. Der einzelne droht mit seiner zur Schau getragenen Authentizität zu scheitern. Das führt zu einer erheblichen narzisstischen Kränkung, da in diesem Fall nicht nur eine erlernte soziale Rolle versagt, sondern das vermeintlich wahre Selbst. Larmoyanz gehört daher zu den Grundstimmungen zeitgenössischer Massengesellschaften. Der scheiternde Narzisst der Postmoderne schaltet auf Dauerweinerlichkeit.

Dazu passt, dass mit dem Sieg der Authentizität als Attribut gelungenen Selbstseins sich eine kulturelle Umdeutung des Selbst vollzieht. Kannte das bürgerliche Selbst noch verschiedene Facetten seiner Persönlichkeit, so beharrt das spätmoderne Ich auf seiner Geschlossenheit. Die traditionelle Trennung zwischen einem öffentlichen und einem privaten Selbst etwa, zwischen sozialer Normierung und spontanem Affekt, entfällt. »Das Selbst«, schreibt Panajotis Kondylis, »wird nicht mehr grundsätzlich in höhere und niedere Regionen geteilt, sondern es wird dazu aufgefordert, die Qualen der alten Spaltung hinter sich zu lassen.«[8] Regeln, soziale Rollen und Gebote gelten als zutiefst emanzipationsfeindlich. »Diese oft ostentative Absage an die ›Konvention‹ will indizieren, dass sich der Betreffende unterwegs zur Selbstverwirklichung befindet und dabei die Selbstüberwindungstugenden in froher Spontanität hinter sich gelassen hat.«[9] Damit einher geht eine soziale Nivellierung, da mit dem äußeren, sozialen Selbst sich alle klassen- und berufsbezogenen Rolleneigenschaften auflösen. Wer diese Rollen nach wie vor erfüllt, sei es als Lehrer, Beamter oder gar Hausfrau, gilt als Kauz oder schlicht als reaktionär.

Mit der Aufwertung des Authentischen als Maßstab gelungenen Selbstseins geht eine komplette Neubewertung von Gefühlen einher. Galt es zumindest in Bürgertum und Adel über Jahrhunderte als selbstverständlich, Gefühle öffentlich nach Möglichkeit nicht zu zeigen und Selbstdisziplin zu wahren, so ist zu Beginn des 21. Jahrhunderts sogar das britische Königshaus genötigt, sich emotional zu

---

8 P. Kondylis, Der Niedergang, S. 213.

9 Ebd., S. 217f.

geben. Auch hier hat der Wahn von der authentischen Persönlichkeit über die soziale Rolle und ihre traditionellen Regeln gesiegt. Das bürgerliche Individuum, so Rolf Peter Sieferle, »bildete einen geschlossenen moralischen Mikrokosmos, auf dessen Pflege und Ausbau im Sinne von Selbstdisziplinierung, Entfaltung von Tugend, Bildung und Kultur die liberale Persönlichkeit höchsten Wert legte.«[10] Dieser Persönlichkeitstypus ist Geschichte. Er wurde endgültig abgelöst durch das dionysische Individuum. Dieses »zerfließt an seinen Rändern, ist widerspruchsvoll, widerständig, immer auf der Suche nach Lust, Reiz, Sensation, auf der Flucht vor Bindung, Fremdbestimmung, Verpflichtung. Es ist nicht aktiv-gespannt, sondern strömend und schwingend. Es reflektiert nicht die Welt, sondern will in ihr aufgehen, mit dem Leben verschmelzen«.[11]

Anstelle von Takt und Distanz gilt Aufdringlichkeit und Nähe als Ausweis einer unverstellten Persönlichkeit. Spontanität avanciert zur höchsten Tugend. Nimmt man die Selbstcharakterisierung der mehr oder minder Prominenten ebenso zum Maßstab wie die Eigenwerbung in Kontaktanzeigen, ist nicht etwa Verlässlichkeit und Berechenbarkeit Ausdruck gelungener Persönlichkeitsentwicklung, sondern Spontanität. Mindestens genauso gern ist man auch ein »bisschen verrückt«.

10 R. P. Sieferle, Epochenwechsel, S. 215.
11 Ebd., S. 214 f.

Am Ausgang der Moderne hat das limbische System endgültig über den Neocortex gesiegt. Emotionen, Triebe und Affekte genießen hohe soziale Reputation. Verstärkt wird diese Entwicklung durch die elektronischen Massenmedien, in denen das Grelle, Drastische und Emotionale reüssiert und damit Sichtweisen und soziale Gewohnheiten schafft. Das Ordinäre und Laute wird zum Maßstab und Garanten für medialen, gesellschaftlichen und damit letztlich auch ökonomischen Erfolg.

Die Mesalliance von Kapitalismus und asketischer Ethik ist endgültig zerbrochen. Es regiert ein vulgärer Massenhedonismus in allen möglichen Ausprägungen – vom scheinbar puritanischen Edelkonsum der Besserverdienenden bis zum Trash der Unterschicht. Zur wirklich exzessiven Existenz fehlt dem dionysischen Individuum der Spätmoderne allerdings der Mut. Man hat sein Lüstchen für den Tag und sein Lüstchen für die Nacht: Aber man ehrt die Gesundheit. Denn dem erlebnisorientierten Individuum der digitalisierten Konsumgesellschaft geht die Quantität des Lebens vor der Qualität.

Um den Erfolg der erlebnisfixierten Selbstsuche permanent zu beglaubigen, besteht eine allgemeine Verpflichtung zu guter Laune. Neben Lockerheit, Spontanität und Formlosigkeit gehört das »Gut-drauf-Sein« zu den wichtigsten Geboten der Dauerkonsumgesellschaft. Egal wohin man blickt oder hört: Überall wird man von einer synthetischen guten

Laune angebrüllt, vom morgendlichen Frühstücksradio über den Spinning-Kurs im Fitnessstudio bis zur Abendshow im Fernsehen. Man ist umstellt von den immer gleichen tragisch-fröhlichen Gestalten. Unklar ist, was an dieser Inszenierung mehr stört: ihre Künstlichkeit oder ihr normierender Anspruch.

Verlorengegangen ist die Fähigkeit zur Melancholie. Existentielle Wehmut ist ein Sakrileg. Probleme gibt es ohnehin nicht. Nur Herausforderungen. Ein windschnittiger, einfältiger Optimismus hat sich aus Manageretagen und Consultingbüros in die Gesellschaft ergossen. Alles ist machbar: Du musst nur an dich glauben, lass dich inspirieren, sei kreativ, nutze deine Ressourcen, blockiere dich nicht selbst.

Dieser Unfug ist deshalb so erfolgreich, weil die Menschen nicht mehr in der Lage sind, ihr Leben ohne Gebrauchsanleitung zu leben. Kleinste Lebensentscheidungen werden zu Krisen aufgeblasen. Misserfolge führen zu tiefer Verunsicherung. Den ganz alltäglichen Herausforderungen des Lebens scheinen viele Erwachsene kaum noch gewachsen. Für jede Lappalie braucht man Rat, Unterstützung und Hilfe. Entsprechend lauert nicht nur für die angeblich großen Lebensfragen an jeder Ecke ein Heer an Beratern. Auch für die kleinsten Lebensentscheidungen stehen eifrige Helfer parat: Karriere, Diät, Partnerschaft, Sex, Kleidung, Inneneinrichtung, Fitness. Der Mensch der westlichen

Wohlstandsgesellschaften braucht für alles einen Betreuer. Wie ein Riesenkind tappst er durch die Welt und muss an die Hand genommen werden. Dass die sogenannten Experten dabei nur Banalitäten abzusondern brauchen, passt ins Bild.

Und so hat die anthropologisch tief verankerte Suche nach dem Selbst, nach Halt und Orientierung unter den Bedingungen der Moderne zu einer umfassenden gesellschaftlichen Regression geführt. Sich hinter der Phrase versteckend, die Welt sei nun einmal komplexer geworden, zelebriert der mental in der Kindheit feststeckende Wohlstandsbürger seine Unselbständigkeit. Sein professioneller Erfolg als Manager, IT-Berater oder Anwalt darf nicht darüber hinwegtäuschen, dass er von sich selbst, von seinem Leben überfordert ist. Die totale Infantilisierung der Gesellschaft erschöpft sich somit nicht nur in ein paar harmlosen Äußerlichkeiten – an erwachsenen Männern, die mit Basecap, Motiv-T-Shirt, Flip-Flops und kurzer Hose auf dem E-Roller ins Büro fahren, wo der Tisch-Kicker wartet. Auch Kommunikation und soziales Miteinander sind davon betroffen. Die Sprache, ohnehin entstellt von Jugendjargon, gleitet ab ins Gefühlige und Rührselige. Man ist wütend, traurig oder erschüttert, aber natürlich auch »voll happy«. Empathie ist die neue Leittugend schlechthin. Man hat Mitgefühl mit allen und jedem zu haben – oder zumindest vorzugeben. Entsprechend zeigt man sich mitfühlend und sentimental. Nicht, weil man plötzlich zum Menschenfreund mutiert wäre, sondern um die eigenen Schwächen zu kaschieren: »die Neigung der modernen Erwachsenen zu Infantilismen, zu Verkindlichungen und Kindlichkeit, ihre Unfähigkeit zum Erwachsensein, ihren Hang zur Weltfremdheit«.[12]

Angeheizt durch die Emotionalisierungsmaschinen der Leitmedien suhlt sich der Mensch der Spätmoderne in einem Brei aus Empfindungen und Emotionen. Man ist wahlweise empört oder begeistert, entsetzt oder fasziniert – Zwischentöne kennt man kaum noch.

Mit dem Intellekt und dem Empfindungsvermögen infantilisiert auch die moralische Urteilsfähigkeit. Härten gegenüber Individuen oder Gruppen werden generell abgelehnt. Alles hat flauschig und nett zu sein. Zumutungen gelten als unzumutbar. Achtsamkeit ist das Gebot der Stunde. Gerechtigkeit erschöpft sich in Gleichheit und Gleichbehandlung. Dass es auch gerecht sein könnte, Menschen ungleich zu behandeln, liegt jenseits des moralischen Vorstellungshorizontes. Warum etwa die Alten ehren? Oder die Eltern? Warum autochthone Bevölkerung gegenüber Zuwanderern bevorzugen? Sind nicht alle Menschen gleich? Entsprechend hält eine Kindergartenmoral Einzug in die Gesell-

12 O. Marquard, Zeitalter der Weltfremdheit?, S. 81.

schaft: Gerechtigkeit bedeutet, gleich viele Smarties für alle.

Galten innerhalb des traditionellen europäischen Bestätigungssystems Disziplin und Selbstbeherrschung als probate Möglichkeiten, Selbstachtung zu erwerben und als Person ganz bei sich zu sein, so ist diese Möglichkeit heutzutage verbaut. Der einzelne sieht sich zurückgeworfen auf sein Inneres. Und dort findet er vor allem Gefühle, die er dementsprechend unter dem Diktat des allgemeinen Authentizitätswahns für sein eigenes, wahres Selbst hält.

Mit unerbittlicher Logik haben die technische Entwicklung und ein kapitalistisches Wirtschaftssystem und die ihm implantierten Ideale von Freiheit, Emanzipation und Selbstbestimmung jedes kulturelle Orientierungssystem zerstört, das traditionell ein Gefühl von gelungenem Selbstsein vermittelte. Die erprobten Strategien der Selbstfindung pulverisierten unter dem Druck der sozialen und wirtschaftlichen Revolutionen des 19. Jahrhunderts.

Der Mensch der urbanisierten und industrialisierten Moderne wurde mit seinem Narzissmus allein gelassen. Das Resultat ist eine narzisstische Dauerkränkung. Die von modernen Konsumgesellschaften bereitgestellten Kompensationsstrategien lösen diesen Konflikt nur kurzfristig und treiben den Bürger der Wohlstandsmoderne in einen sich permanent verstärkenden Realitätsverlust. Die Welt kommt abhanden. Alles scheint verhandelbar oder konstruiert. Grenzen lösen sich auf und werden nicht mehr akzeptiert. Die rationale und vor allem die emotionale Urteilskraft gehen verloren. Zurück bleibt eine von der Realität entfremdete Gesellschaft infantiler Individuen, die nicht mehr in der Lage ist, mit den Herausforderungen des Lebens umzugehen, und die Welt konsequenterweise in einen großen Safe Space verwandeln möchte.

III. Körper, Natur und Natürlichkeitswahn

Kaum etwas steht in den Gesellschaften der digitalisierten Spätmoderne so hoch im Kurs wie die Natur und alles, was auf irgendeine Weise Natürlichkeit suggeriert.

In den Regalen des Handels stapeln sich Hochglanzmagazine, die das Landleben anpreisen, die Landliebe oder die Landlust. Zeitschriften widmen sich der Anlage biologischer Gärten, dem Gemüseanbau, dem Wald oder der Natur ganz allgemein. Aber auch der Naturheilkunde oder – in Neuhochdeutsch – dem *Country Living*. Eingepfercht in die sterilen Wohnsilos der Neubauviertel und die in ihrer bemühten Heimeligkeit besonders trostlosen Eigenheimquartiere, verbannt vor flimmernde Bildschirme, mental abhängig von den artifiziellen Kontakten und dem medialen Dauerrauschen auf seinem Smartphone, sehnt sich der Mensch des digitalen Zeitalters nach dem Natürlichen.

Doch »das Glatte ist die Signatur der Gegenwart«.[1] Nichts ist wirklich oder greifbar. Der Ästhetik der Glätte folgen nicht nur Mobiltelefone, son-

1 B.-C. Han, Die Errettung des Schönen, S. 9.

dern auch die Fassaden der Neubauten, bis hin zu den glattrasierten Körpern. Selbst die Erotik ist glatt geworden. Die epilierte Haut verwandelt den Körper in eine antiseptische Plastik. Was noch an Unebenheiten vorhanden sein sollte, glättet endgültig die Bildbearbeitungssoftware des Onlinedienstes. Die Haut wird alterslos. Pigmentierungen werden entfernt, der Körper wird gestrafft. Und mit Hilfe des Smartphones verwandelt er sich endgültig in einen optimierten Datensatz.

Damit geht dem Menschen der wesentliche Teil seines Selbst verloren. Die Tragik liegt darin, dass er diesen Verlust als Gewinn verbucht. Der normierte Body löst den Körper ab. Hinter der glatten Oberfläche verschwindet endgültig jene Individualität, nach der das Ich sich sehnte. Der Selbstgewinn, den man sich von der sportlichen, kosmetischen, chirurgischen und digitalen Überarbeitung versprochen hatte, endet im Desaster des artifiziellen Körperdesigns. Das Selbst wird zur Puppe. Nirgendwo wird der Selbstverlust des modernen Menschen brutaler sichtbar als an den entstellten Körpern der Zurechtgeschnittenen und Zurechtgespritzten. Der Künstlichkeit dieser Selbstinszenierung sich zumindest unterschwellig bewusst, versucht das verunsicherte Ich, ästhetische Gegenstrategien zu entwerfen, um der eigenen Sterilität zumindest symbolisch Authentizität entgegenzusetzen. Also lässt es seine Haut tätowieren und durchsticht Körperteile mit Piercings. Sie sollen dem artifiziellen Körper etwas

Archaisches und Ungezähmtes zurückgeben, Härte, Wildheit und Exotik.

Dieses Konzept scheitert natürlich kläglich. Denn das Tattoo zitiert die Ursprünglichkeit wilder Völker und die Unverstelltheit gesellschaftlicher Randgruppen. Mit seiner Hilfe will der biedere Durchschnittsbürger zumindest symbolisch teilhaben an der Erinnerung an das Verruchte und Verwegene, an harte Seemänner und noch härtere Ganoven.

Doch diese Milieus der Seeleute und der Halbwelt, wo man sich Zeichen ausgestellter Männlichkeit, von Wehrhaftigkeit und drastischer Erotik auf Unterarme tätowierte, ist mit der weichgespülten Weltsicht des jeder Drastik entwöhnten Wohlstandsbürgers im Grunde unvereinbar. Also wird das Tattoo zum Medium von Wellnessbotschaften verformt, von Liebesschwüren, Kalendersprüchen und fernöstlichen Pseudoweisheiten oder dem Porträt des Lieblingshundes. Anker, Totenkopf und Drachen werden ihrer ursprünglichen Bedeutung – Heimat, Todesverachtung, Stärke, Mut – enthoben und fungieren als sinnfreie Symbole der Populärkultur. Possierliche Tierchen, Blüten und Engelsflügel künden von der Infantilisierung der Sehnsüchte und Träume. Namenszüge täuschen Bindungen für die Ewigkeit vor. Großflächige Bildszenarien in Farbe offenbaren das kitschige Bewusstsein ihres Trägers. Und der besonders gestörte Narzisst trägt sein eigenes glorifiziertes Konterfei auf Rücken, Brust oder Oberarm.

In einer Gesellschaft, in der die Haut zu Markte getragen wird und Körper dank knappster Bekleidung auch in ihren Details offenherzig ausgestellt werden, suggeriert das kleine Intim-Tattoo eine Intimität, die es faktisch nicht mehr gibt. Die neckische Rose, das verwegene Tribal oder das kecke Herz an verborgener Stelle sind der Versuch, so zu tun, als gäbe es noch etwas zu entdecken, wenn ohnehin schon alles entblößt ist. So wird der durch Tattoos entstellte Körper zum Sinnbild des selbstentfremdeten Menschen, der sich mehr und mehr in eine Welt des Scheins und der Simulation hineinmanövriert. Indem er versucht, sein Persönlichstes, nämlich seinen Körper, ganz individuell zu gestalten, normiert er ihn und macht ihn zur Leinwand einer globalisierten Bildindustrie. Das in die Haut gestochene Potpourri aus asiatischen Grafiken, religiösen Symbolen, maritimen Zeichen und Ikonen der Populärkultur bezeugt den Verlust jener Identität, die es beglaubigen soll.

Der Schmerz, den das Prozedere des Stechens bereitet, ist der Schmerz einer schmerzentwöhnten Gesellschaft, die Schmerzen allenfalls im Rahmen eines Selbstfindungsprojektes zulässt und die dabei als zusätzlicher Kick aufgefasst werden können. Der Schmerz, der zum Erlangen eines Tattoos in Kauf genommen werden muss, scheint das Echte und Wahre dieser archaischen Technik zu unterstreichen und sie als Methode gelungener Selbstgestaltung zu beglaubigen. Tatsächlich unterstreicht sie nur, wie fremd dem Menschen der ausgehenden Moderne sogar sein eigener Körper geworden ist.

Noch deutlicher wird dieser Selbstbetrug beim Piercing. Auch hier wird versucht, mittels einer archaischen Schmucktechnik von Naturvölkern die künstliche moderne Körperinszenierung zu unterlaufen und mittels gezielter Primitivismen Authentizität herzustellen. Das funktioniert überhaupt nur, indem die ursprünglich archaischen Botschaften dieser Körpermarkierungen ignoriert und zu einem Accessoire der globalen Popkultur verfremdet werden. Einst martialische Zeichen einer Kriegerkaste und der kultischen Betonung binärer Geschlechtlichkeit, dienen Gesichtspiercings und Intimschmuck nunmehr der postheroischen und multigeschlechtlichen Gesellschaft als Mittel individualistischer Selbstinszenierung. Das Archaische wird von der hypertechnisierten Gesellschaft zur Requisite eines fehllaufenden Narzissmus umgedeutet. Was einmal Zeichen von Kampf, Sieg und Potenz war, ist nun Spielzeug der Diversen und Toleranten. Echte, wahre, verschwitzte Körperlichkeit gilt als verpönt. Die Körperhygiene hat in den meisten westlichen Ländern geradezu pathologische Züge angenommen. Man duscht, cremt, rasiert und epiliert, um dem eigenen Körper jedes Körperliche auszutreiben.

Zu dieser Sterilisation des Körpers gehört auch der Verzicht auf alles, was als gesundheitsschädlich gilt: Rauchen, Alkoholkonsum, ungesundes Essen. Statt dessen konsumiert man im Namen einer sportlichen und gesunden Ernährung Eiweißshakes, Vitaminkapseln, Mineraldrinks und andere Nahrungssupplemente. Wurde noch vor wenigen Jahrzehnten selbstverständlich geraucht und Gästen am Nachmittag ein Cognac angeboten, so flüchtet man heutzutage in einen antiseptischen Gesundheitswahn. Kalorienzählen ist zum Volkssport geworden, wir vermessen unsere Bewegungen mit Schrittzählern und lassen unseren Energieverbrauch errechnen. Von einem Lebewesen, das sein Leben lebt, gestalten wir uns um zu einem optimierten Bioautomaten. Zugleich versagt der Körper als Organismus: Er entwickelt Allergien, Bandscheibenvorfälle, Haltungsschäden, Bluthochdruck und Diabetes. Seiner natürlichen Lebenswelt weitgehend beraubt, leidet er an dem, was wir euphemistisch Zivilisationskrankheiten nennen. Wir haben uns eine Umwelt geschaffen, die uns krank macht. Und die wir im Kopf nicht mehr aushalten. Denn zu den zahlreichen metabolischen und orthopädischen Erkrankungen kommen die psychiatrischen dazu: Zwangshandlungen, Phobien, Depressionen, Borderline-Syndrom, Persönlichkeitsstörungen. Die künstliche Welt, die wir uns geschaffen haben, um uns selbst zu finden, beginnt unsere Identität zu zerstören. Wir wissen nicht mehr, was uns gut tut. Oder wissen es noch, haben aber jeden Antrieb verloren, daraus die Konsequenzen zu ziehen. Wir nehmen in Kauf, dass Kinder hyperaktiv, aufmerksamkeitsgestört, aggressiv und übergewichtig sind, reden uns aber ein, im Grunde sei alles gut und die vorhandenen Defizite seien mit noch mehr Pädagogik, noch mehr Betreuung und noch mehr Steuerung zu beheben.

Dabei ist es genau jene pädagogische Dauerumhegung, die es den Kindern verbaut, bei sich selbst und nicht Opfer des Zeitgeistes zu sein. Doch im Grunde will man Opfer des Zeitgeistes: Kinder, abgerichtet auf die Produkte des Marktes, konditioniert auf Software, Algorithmen und Endgeräte, gesellschaftspolitisch abgerichtet auf ideologische Schlüsselbegriffe wie Diversität, Vielfalt, Nachhaltigkeit und Gleichstellung. Gefragt ist nicht der kritische Jugendliche, sondern der Kritiksimulant, der den Einflüsterern der Leitideologien artig folgt.

Das Ergebnis sind Persönlichkeiten, frühreif und zugleich dauerpubertierend, die es verlernt haben, Selbstbestätigung innerhalb der Koordinaten bewährter Selbstbestätigungssysteme zu finden. Stattdessen verlieren sie sich in den designten Utopien einer angeblich besseren, tatsächlich aber vollkommen synthetischen Welt, die allerdings ihrer konditionierten regressiven Psyche entgegenkommt. Das zwangsläufige Scheitern an der Wirklichkeit dreht die Weltfluchtspirale nur noch weiter. Schließlich zieht man sich zurück in digitale Scheinwelten, hypertrophen Moralismus oder realitätsbefreites Politengagement.

Genausowenig, wie es eine nicht entfremdete menschliche Existenz gibt, gibt es eine natürliche Natur.

Das, was der Mensch als die natürliche Natur empfindet, ist eine Projektion. Sie beruht auf seinen Erfahrungen mit der Biosphäre der Erde, doch die ist sehr ausschnitthaft. Der Natur bedeutet nicht notwendigerweise Leben, Wärme, Wasser und Nahrung, sondern genau so Unwirtlichkeit, Tod und Verderben. Auch die Oberfläche der Venus ist Natur, obwohl sie hoch toxisch ist und 460 Grad heiß.

Doch angesichts der Dauer eines Menschenlebens erscheint selbst die Momentaufnahme der irdischen Biosphäre als eine Zeitspanne, die Ewigkeit garantiert. So wurde die Natur zum Sinnbild für Ewigkeit schlechthin. Insbesondere die Gestirne werden zum Ausdruck einer jeden Veränderung enthobenen Natur, deren zyklische Bewegungen Unendlichkeit verbürgen. Dass auch die Sternenbilder nur Konstellationen eines universalen Augenblicks sind, war aus menschlicher Perspektive für Jahrtausende unvorstellbar.

Doch die Vorstellung einer »natürlichen Natur« scheitert nicht nur daran, dass es keine ewige, zeitlose Natur gibt. Ebenso unmöglich ist es, innerhalb der Naturgeschichte einen Zeitpunkt anzugeben, ab dem etwas Unnatürliches die angeblich unberührte Natur zu entstellen begann. Mangels greifbarer Alternativen wird meist eine menschliche Entwicklungsstufe als ein solcher Wendepunkt ausgegeben. Doch welche menschliche Entwicklungsstufe sollte das sein? Urvölker, die ja auch Feuer, Waffen und anderes Gerät besaßen, mit dem man erheblich in Landschaften eingreifen kann, werden zumeist noch als nichtentfremdeter, also »natürlicher« Teil der Natur gesehen. Aber wo beginnt dann der große Entfremdungsprozess? In der Antike? Im Mittelalter? Ist die Erfindung des Rades noch natürlich, die des Verbrennungsmotors aber nicht mehr?

Die Idee, dass es überhaupt etwas »Unnatürliches« in der Welt gibt, beruht letztlich auf einer Umwertung der Sonderstellung, die der Mensch sich selbst über Jahrtausende zugesprochen hat. Statt Krone der Schöpfung zu sein, erscheint er nunmehr als Fremdkörper in der Natur. Dabei darf nicht übersehen werden, dass der ursprüngliche Gedanke, dem Menschen quasi einen Platz außerhalb der Natur zuzusprechen, eine enorme zivilisatorische Leistung darstellt. Sie besteht darin, einen kulturellen Bereich zu definieren, in dem nicht die Gesetze des Tierreiches gelten, sondern menschliche Regeln. Diese menschliche Kultur ist jedoch keine Gegennatur. Sie ist eine weitere Stufe in der Evolution, die es Lebewesen ermöglicht, neue Formen des sozialen Handelns zu entwickeln. So wie der Mensch natürlich künstlich ist, so ist es auch die Kultur, die er schafft. Streng genommen gibt es auf dieser Welt nichts Künstliches.

»Natur« ist eine kulturelle Konstruktion. Dass bedeutet jedoch nicht, dass sie vollkommen willkürlich ist. Sie bezeichnet jene Biosphäre, in die sich der Mensch einfügen konnte, auch wenn er sie dabei veränderte. Die Natur ist somit das kulturelle Bild eines bekannten und überlieferten Zustandes des jeweiligen Lebensraums. Und als natürlich gilt jede soziale Praxis, die das Überleben in dieser Natur sichert. Insofern sind Natürlichkeitsvorstellungen zwar ebenfalls Konstruktionen, aber dennoch nicht vollkommen aus der Luft gegriffen.

Im Zuge der Industriellen Revolution und ihres technischen Zugriffs auf die Natur werden diese traditionellen Natürlichkeitsvorstellungen nach und nach hinterfragt. Was gestern noch als selbstverständlich galt, wird soziales Produkt. Das Denken selbst wird abstrakter. Dabei kommt es zu einer umfassenden »*Intellektualisierung* der eigentlichen geistigen Bereiche der Künste und Wissenschaften«, also einem »Abbau an Anschaulichkeit, Unmittelbarkeit und unproblematischer Zugänglichkeit«.[2] Und das hat Folgen für das intellektuelle und kulturelle Klima: »Die Emanzipation vom Selbstverständlichen und allem was als ›natürlich‹ eingewöhnt war«.[3]

Gut siebzig Jahre nach Gehlens klarsichtiger Analyse droht diese Emanzipation vom Selbstverständlichen zum gesellschaftlichen Konsens zu werden. Sogar eindeutige biologische Kategorien wie etwa das Geschlecht werden in Frage gestellt.

---

2 A. Gehlen, Die Seele im technischen Zeitalter, S. 24.

3 Ebd., S. 26.

Ideologische Voraussetzung dafür war neben dem Verlust des als »natürlich« Eingeübten die Infragestellung der wissenschaftlichen Rationalität, die zunehmend als emanzipationsfeindlich wahrgenommen wurde. Denn Rationalität kategorisiert, definiert und ordnet ein. Das sich selbst suchende und von allen Festlegungen emanzipierende Subjekt will sich aber nicht einordnen lassen. Die rationalistische Tradition abendländischen Denkens wird als logozentrisch und vor dem Hintergrund der europäischen Kolonialgeschichte als rassistisch verurteilt. Der nivellierende Aspekt der wissenschaftlichen Vernunft gilt nun als diskriminierend und minderheitenfeindlich. Der im Namen einer diffusen Selbstfindung geführte eskapistische Kampf des übersättigten Wohlstandsbürgers gegen das Offensichtliche wird so nebenbei moralisch geadelt. Wieder einmal führt die Dialektik der Aufklärung diese ad absurdum.

Insofern ist es nur konsequent, dass den Folgen der Industrialisierung nicht zuletzt für die Biosphäre mit Hilfe einer noch entschlosseneren Technisierung begegnet werden soll. So wie der menschliche Körper zu einer »Wirkung von Macht«[4] uminterpretiert und seiner biologischen Faktizität beraubt wird, so eliminiert man die Natur im Namen ihrer Rettung. Alles erweist sich als gestaltbar. Auf die Naturzerstörung durch die Industria-

4 J. Butler, Körper von Gewicht, S. 22.

lisierung folgt die Zerstörung der Natur durch den Umweltschutz.

Das auffälligste Beispiel dafür sind Windkraftanlagen, die insbesondere in Deutschland großflächig ganze Landschaften verstellen. Hier wird Natur vernichtet, um Natur zu bewahren. Grundlage ist ein abstrakter Naturbegriff, der Natur auf einige funktionalistische Parameter reduziert. Gesunde Natur ist, wenn gewisse Grenzwerte eingehalten werden. Wie bei einer Maschine bildet sich die Funktionalität der Biosphäre an einer Handvoll Nennwerte ab. Liegen diese außerhalb eines definierten Bereiches, ist die Natur kaputt. Naturschutz besteht dementsprechend im Einhalten von Grenzwerten. In den Worten Spenglers etwas pathetischen Worten: »Die Zivilisation ist selbst eine Maschine geworden, die alles maschinenmäßig tut und tun will. Man denkt nur noch in Pferdekräften. Man erblickt keinen Wasserfall mehr, ohne ihn in Gedanken in elektrische Kraft umzusetzen. Man sieht kein Land voll weidender Herden, ohne an die Auswertung ihres Fleischbestandes zu denken, kein schönes altes Handwerk einer urwüchsigen Bevölkerung ohne den Wunsch, es durch ein modernes technisches Verfahren zu ersetzen.«[5]

Technologisches Denken wird auf komplexe biologische Systeme übertragen – auch und gerade dort, wo man vorgibt, Natur zu schützen. Zugleich

5 O. Spengler, Der Mensch und die Technik, S. 79.

huldigt man auf kultureller Ebene zunehmend einem esoterischen Naturverständnis. Das ist nur scheinbar ein Widerspruch. Die technisierte Betrachtung der Natur als Kompendium von einzuhaltenden Grenzwerten ist lediglich die eine Seite der Entfremdung von einem seit Jahrhunderten bewährten Naturbegriff, deren andere Seite die kitschige Spiritualisierung ist. Das nüchterne, unverklärte und pragmatische Naturverhältnis ist dem in einer artifiziellen Lebens- und Arbeitswelt gefangenen Menschen der Moderne zunehmend abhandengekommen.

Geradezu symbolisch wird dieses gestörte Verhältnis zur Natur im Freizeitverhalten. Mit Klimaanlage und Luftfiltern geschützt vor der Außenwelt, geführt von einem Navigationssystem, macht sich der Großstädter in seiner hochdigitalisierten Limousine oder seinem gepanzerten SUV in das Naherholungsgebiet auf. Dort bewehrt er sich mit atmungsaktiver Kunstfaserkleidung, Teleskopwanderstöcken und Synthetikwanderschuhen mit Luftpolsterfußbett, um eine Stunde über Kieswege durch Nutzwälder zu spazieren.

Eben weil die Widersprüche so offensichtlich und grotesk sind, hat man den Anspruch, ganzheitlich zu sein. Man umarmt Bäume und betreibt Waldyoga. Die Natur wird neuheidnisch verklärt. Sie ist nicht einfach nur eine Biosphäre, die den Gesetzen der Naturwissenschaft folgt, sondern zudem noch Sinnstiftungsort. Der Stadtwald wird zum Tempel, der Forst hinter dem Neubaugebiet zum Wallfahrtsort. Der Wald erfährt grenzenlose Verklärung. Beim Waldbaden flüchtet der Großstädter vor seinem befürchteten Burn-out. Die Waldtherapie entschleunigt und regeneriert. Dieser Wald der Wald-Exerzitien hat mit Wald natürlich wenig zu tun. Es ist das synthetische Produkt der Waldträumereien und romantischen Waldphantasien naturentwöhnter Bürger einer hochtechnisierten Gesellschaft.

Der Kernwiderspruch des Verhältnisses von Mensch und Natur in der Spätmoderne liegt allerdings nicht so sehr in der Entfremdung des Menschen von der Natur als Biosphäre. Dieser Schritt ist sekundär. Denn auch der Mensch ist ein natürliches Wesen. Und seine Selbstentfremdung im Namen einer misslungenen Selbstsuche ist zunächst einmal eine Lossagung von sich selbst als einem natürlichen Wesen. Der Naturverlust beginnt beim eigenen Ich.

Entsprechend haben sich die Gesellschaften des globalen Nordens so weit von ihren natürlichen Grundlagen, Bedürfnissen und Eigenarten entfernt, dass ihre Mitglieder nicht mehr in der Lage sind, auch nur grundlegende Handlungen ohne Anweisungen auszuführen. Wir haben Berater für die Ernährung, für Bewegung, für Sex und für die Karriere. Wir benehmen uns wie Kunden, die die Bedienungsanleitung zu einer fremdartigen Maschine verloren haben. Doch diese Maschine ist unser Leben, ist unser Körper, sind wir selbst.

Der Mensch der Moderne betrachtet sich als transnatürlich, als ein zwar irgendwie biologisches Wesen, dessen wirkliche Eigenarten aber weder auf Biologie reduzierbar sind – das wäre ja, *horribile dictu*, Biologismus – noch im Grunde etwas mit Biologie zu tun haben. Dass das Übergewicht etwas mit Kalorienverbrauch und Kalorienzufuhr zu tun hat, ist ihm noch dunkel bewusst. Alle anderen Befindlichkeiten werden aber als transsomatische verdrängt. Das erklärt übrigens auch die Popularität der Psychosomatik. Sie ist die Erklärungsideologie dafür, dass der Körper und mit ihm die Natur im Grunde peripher sind.

Als Konsequenz dieses Denkens steht der Transhumanismus, also der Traum, den menschlichen Geist und das jeweilige Selbst endgültig vom Körper zu lösen und nach und nach durch technische Bauteile zu ersetzen. Die Sehnsucht, endlich zu sich selbst zu kommen, führt in die Selbstabschaffung. Denn nur, wenn das Selbst sich von seinem Menschsein befreit hat, so das Versprechen, ist es wirklich frei, es selbst zu sein.

Doch Emanzipation, die das Natürliche am Menschen zu überwinden sucht, wird nicht nur die Natur des Menschen eliminieren, sondern die bisher bekannte Natur überhaupt. Indem der Mensch seine eigene Natur leugnet, schafft er eine Mentalität der Naturüberwindung, die auch vor der Biosphäre nicht Halt macht. Man kann nicht das Klima retten wollen und gleichzeitig von beliebig vielen

Geschlechtern fabulieren. Die Ansprüche, die der Mensch an sich selbst und an seine Umwelt hat, überfordern beide.

Doch nicht nur das Individuum und die Natur sind einem massiven Anpassungsdruck unterworfen. Der metabolische Wandel vollzieht sich so umfassend und schnell, »dass die biologischen Mechanismen der Evolution der Arten, das Spiel von Variation und Selektion, nicht mehr Schritt halten können. Die menschliche Grundstrategie einer kulturellen Evolution, die sich von der Bindung an DNS-Moleküle emanzipiert hat und an weit flexiblere Informationsträger fixiert wurde, kulminiert in einer Klimax sich wahrhaft überstürzender Innovation.«[6]

Die durch den Menschen in Gang gesetzte technisch-industrielle Revolution überfordert jedoch nicht nur die Natur und das einzelne Individuum. Da der Mensch das von Natur aus kulturelle Wesen ist, geht mit der Leugnung seiner Natur auch seine Kultur als hoch ausdifferenziertes und den lokalen Gegebenheiten angepasstes Symbolsystem unter. »Die einstige Vielzahl menschlicher Kulturen, die sich in je unterschiedlich Ökosysteme eingenischt hatten, wird auf eine einige Kultur reduziert: die systematische Gesellschaft der Gegenwart, die auf einem einzigen technisch durchformten und arten-

6 R. P. Sieferle, Epochenwechsel, S. 337 f.

armen Ökosystem beruht. Die Menschheit formiert sich im Laufe des 20. Jahrhunderts zur größten globalen Monokultur.«[7]

Unter dem Eindruck der massiven technischen, ökonomischen und sozialen Umwandlungen der Moderne geraten das einzelne Individuum, die Vielfalt menschlicher Kulturen und die Biosphäre unter einen Assimilationszwang, dem sie nicht gewachsen sind. Selbstverlust, die Nivellierung ursprünglich hochausdifferenzierter menschlicher Kulturen und die ökologische Krise erweisen sich als miteinander verbundene Symptome ein und desselben historischen Prozesses.

---

7 Ebd., S. 338.

IV. Ahistorismus, Massenavantgardismus und rasender Stillstand

KAUM etwas scheint spätmodernen Gesellschaften wichtiger als Geschichte. Mehr noch: Geschichte ist zur Staatsräson geworden. Nicht nur in Deutschland. Auch in anderen europäischen Ländern. Die Europäische Union sieht sich selbst als politmoralisches Projekt, das aus den Erfahrungen der Geschichte folge. In jeder Sonntagsrede gibt man vor, aus der Geschichte gelernt zu haben oder lernen zu müssen. Und Verantwortung vor der Geschichte trägt man ohnehin.

Auch kommerziell boomt Geschichte allerorten. Historische Jahrestage werden zu Megaveranstaltungen aufgeblasen. Ein historisches Großjubiläum jagt das andere. Schon im Vorfeld fluten die Verlage den Buchmarkt mit einschlägigen Veröffentlichungen, und die Fernsehsender des öffentlich-rechtlichen Rundfunks produzieren aufwendige Dokumentationsmehrteiler. Selbst jenseits der offiziellen Erinnerungsorgien scheint die Begeisterung für Geschichte groß. An den Wochenenden locken Mittelaltermärkte und historische *Reenactments*. Geschichts-Dokumentationen erreichen hohe Einschaltquoten. Fernsehformate in historischem Setting begeistern das Publikum. Nie zuvor, so könnte man meinen, war eine Gesellschaft geschichtsinteressierter, nie zuvor besser historisch informiert.

Zugleich stehen die westlichen Gesellschaften der eigenen Geschichte mit teilweise unverhohlener Aggression gegenüber. Denkmäler werden geschleift, Institutionen und Straßen umbenannt, alte Texte überarbeitet und Museumsbestände kritisch durchforstet. Nie zuvor in der Geschichte brachte ein ganzer Kulturkreis der eigenen Vergangenheit so viel Reserviertheit, ja Verachtung entgegen. Nie zuvor in der Geschichte ist einer Kultur ihre eigene Vergangenheit so fremd geworden. Nie zuvor herrschte mehr Unverständnis für das Denken, Handeln und die Moralvorstellungen der Vorfahren.

Gilt das 19. Jahrhundert als das Zeitalter des Historismus, also des Bewusstseins für die eigene Geschichtlichkeit und deren Verklärung, so droht das 21. Jahrhundert eine Epoche der vollständigen Enthistorisierung zu werden, der totalen Preisgabe des historischen Denkens. Die Entfremdung der Gegenwart von der eigenen Vergangenheit könnte kaum größer sein. Dass noch vor drei, vier Generationen über Krieg, Vaterland, Ehe, Geschlechterrollen und andere Kulturen anders gedacht wurde als heute, befremdet den Zeitgenossen nicht nur, sondern löst bei ihm reflexartig größte Empörung aus. Uropas Nahkampfspange ist nicht länger Zeugnis persönlichen Mutes und erheblicher Entbehrungen, sondern entlarvt ihn als Verbrecher.

Entsprechend sind unsere Kalender gespickt mit Gedenktagen aller Art. Nahezu im Wochenrhythmus wird gemahnt, erinnert und gedacht. Sich kritisch mit der eigenen Vergangenheit auseinanderzusetzen, gehört zur kulturellen Selbstverständlichkeit, und die Vermittlung einer entsprechenden Erinnerungskultur prägt die Selbstdarstellung der meisten westeuropäischen Staaten. Doch eine Erinnerung, die zur Kultur wird und damit zum Kult, ist das Gegenteil vom Bemühen um historische Vorurteilsfreiheit. Hier schiebt sich vielmehr der Kult vor die historische Tatsache und beginnt die Realität zu verzerren. Memorialkultur im Namen der guten Sache, sei es Antikolonialismus, Antiimperialismus oder Antifaschismus, gerät zur vorsätzlichen Enthistorisierung. Die Geschichte verschwindet hinter der Lehre, die man aus ihr zu ziehen vorgibt. Was übrig bleibt, ist Haltung ohne Kenntnisse.

In den historischen Diskursen der westlichen Welt hat inzwischen die moralische Bewertung den Blick für historische Zusammenhänge vollständig ersetzt. Wer etwa Denkmäler von Kolumbus, Churchill oder Bismarck schleifen möchte, weil diese Eroberer, Rassisten oder Kriegstreiber waren, walzt Geschichte im Namen aktueller Moralvorstellungen nieder. Doch Moral ist selbst ein historisches Phänomen, eingebunden in Diskurse, Narrative und Sinnkonstituenten ihrer Zeit. Dass es dabei keine ideologiefreie Geschichtsbetrachtung gibt, ist evident. Auch sie unterliegt historischen Bedingungen. Deshalb stellt jede Epoche eigene und neue Fragen an die Vergangenheit. Das Fragen allerdings setzt Neugier voraus und die Bereitschaft, sich mit fremden Werten, Gedanken und Idealen auseinanderzusetzen. Genau diese Bereitschaft nimmt jedoch rapide ab. Das Interesse am Unbekannten wird ersetzt durch vorgefertigte Raster, mit denen man historische Phänomene moralisch einordnet. Der faktische Erkenntniswert ist dabei gering, die narzisstische Selbstbestätigung jedoch umso höher. Man ist intellektuell im Jetzt festgefroren.

Dieser sich moralisch gerierende Ahistorismus ist deshalb so erfolgreich, weil er einer ganz gegenwartsfixierten Alltagskultur entspringt. Für das emanzipierte Individuum der westlichen Moderne stellen Traditionen allenfalls Hemmnisse bei der persönlichen Selbstverwirklichung dar. Die Vergangenheit kondensiert zu einem bedrohlichen Hort emanzipationsfeindlicher Vorstellungen, die es zu überwinden gilt. Nur das geschichtslose Individuum ist aus dieser Perspektive wirklich frei. Also weiß sich der spätmoderne Zeitgenosse als ahistorische Persönlichkeit. Unbelastet von jeder geschichtlichen Bindung überblickt er mit geringschätzigem Blick die ihm fremde Vergangenheit und richtet über sie.

Angeheizt wird dieser Antihistorismus durch ein ökonomisches System, in dem Innovation und Veränderung zu einer unhinterfragten Ideologie verkommen sind. Jeder neue Reiniger, jeder neue Rasierapparat, jeder neue Computer verspricht besser zu sein als der alte, sauberer zu putzen, glatter zu rasieren, schneller zu arbeiten. Über die Dauerpropaganda der Werbung brennt sich diese Denkfigur in die Hirne der Konsumenten und wird zu allgemein akzeptierten Normen. Das neue Smartphone oder das neueste Update stellen nach dieser Logik einen unhinterfragbaren Wert dar – ganz einfach, weil sie neu sind.

So greifen das historische Desinteresser einer ganz auf das Jetzt fixierten Selbstverwirklichungsgesellschaft, die Innovationsideologie einer am Massenkonsum orientierten Ökonomie und das Bedürfnis nach moralischen Überlegenheitsgefühlen gegenüber der Vergangenheit ineinander und erzeugen ein Zerrbild historischer Prozesse, das allenfalls dem Bedürfnis nach Erbauung oder Unterhaltung dient. Die historische Realität hingegen geht verloren.

Wie sehr das Interesse am Historischen aus der Alltagskultur gewichen ist, lässt sich exemplarisch auch am Niedergang ganzer Freizeitkulturen zeigen. Briefmarken werden kaum noch gesammelt. Der antiquarische Buchmarkt leidet unter einem erheblichen Preisverfall. Das Sammeln von Zinnfiguren ist ein Relikt der Vergangenheit. Entsprechend haben sich die Spielsettings der Kinder verändert: Spielten Jungs noch in den siebziger Jahren – politisch wenig korrekt – mit Spielzeugsoldaten aller Epochen, mit Panzern und Modellflugzeugen, so hat sich das Spielgeschehen ins Phantastische und Ahistorische verlagert. Die Ritterburg und das Western-Fort wurden durch Spielkulissen ohne jede zeitliche Verortung ersetzt. Eine entsprechende Entwicklung hat in den Medien stattgefunden. Wo früher historische Genres vom Sandalenfilm über Ritterepen bis zum Western dominierten, beherrschen heutzutage phantastische Settings den Markt. Das Historische wird auf ein Patchwork folkloristischer Elemente reduziert. Aus mit Phantasie angereicherter Geschichte wurde ahistorische Fantasy.

Dieser Ahistorismus der westlichen Gesellschaften des beginnenden 21. Jahrhunderts ist selbst ein historisches Phänomen von kaum zu unterschätzender Tragweite. War es kulturübergreifend über Jahrtausende selbstverständlich, die Ahnen zu ehren, so hat die Moderne erstmals eine Gesellschaft hervorgebracht, die ihre Vorfahren offen und gezielt herabsetzt, weil deren Gedankenwelt nicht aktuellen moralischen Normen entspricht.[1]

Das Fremdartige erträgt der Mensch der westlichen Moderne allenfalls noch in Gestalt anderer, exotischer Kulturen. Denn auf dem Markt der Selbstfindung stellt es Folklore zur Dekoration des

---

1 Peter Sloterdijk weist darauf hin, dass diese moderne Ideologie sich in den vorreformatorischen Frömmigkeitsbewegungen ausgebildet hat: »Tatsächlich hat die Neuzeit die Logik der Reproduktion durch eine Ethik der Optimierung ersetzt.« In: Die schrecklichen Kinder der Neuzeit, S. 358.

eigenen Lebenskokons bereit. Die Fremdartigkeit der eigenen Vergangenheit jedoch verstört ihn zutiefst. Allenfalls der historische Oberflächenreiz von Mittelaltermärkten verspricht eine gewisse Kurzweil. Doch wer schon die eigene Vergangenheit nicht verstehen will, wird nicht nur niemals sich selbst verstehen, sondern ist auch unfähig, das wirklich Fremde zu begreifen. Genau das will der Mensch unserer Spätmoderne aber auch gar nicht. Ihm geht es darum, den Pluralismus menschlicher Kultur in eine nivellierte Universalkultur zu verwandeln und sich dann in seiner Toleranz und Weltoffenheit zu sonnen.

Die Ideologie kultureller Offenheit und Toleranz entlarvt sich daher gerade dort als verlogen, wo sie die Geschichte der eigenen Kultur als menschenverachtend aburteilt. Hier hat der xenophobe Reflex lediglich seine Stoßrichtung geändert. Doch Aufgeschlossenheit für das Fremdartige schult sich zunächst an der eigenen Geschichte. Wer das Fremdartige der eigenen Vergangenheit nicht zu würdigen weiß, der wird das Fremdartige des Fremden nicht im Ansatz begreifen. Seine Begeisterung für das Bunte und Multikulturelle erweist sich als hohl.

Die Entfremdung von der eigenen Tradition und Kultur begann mit dem Aufstieg der modernen Kunst, genauer: der Avantgarde. Sie ist im modernen Museumsbetrieb konsequenterweise die neue Klassik. In einer Welt, in der alles bezweifelt und kritisiert werden darf, gelten die Werke der klassischen Moderne daher als sakrosankt. Wer sie angreift oder ablehnt, entlarvt sich als Banause. Das Auftreten der Avantgarde Ende des 19. Jahrhunderts hat für die Kunst und damit langfristig auch das gesamte kulturelle Klima die gleiche Bedeutung wie die technisch-industrielle Revolution für die Gesellschaft als Ganzes. So wie Urbanisierung, Technisierung und Industrialisierung die Gesellschaften Europas bis ins kleinste Gefüge radikal dekonstruierten, so zerstörte die Avantgarde alle ästhetischen Maßstäbe, die *grosso modo* in der abendländischen Kunst seit der Antike galten.

Unter moderner Kunst wird im Folgenden die Avantgarde der ersten Hälfte des 20. Jahrhunderts verstanden. Anders als die modernen Künstler des 19. Jahrhunderts versuchte diese Avantgarde, auf die neuen technischen und gesellschaftlichen Realitäten nicht mehr im Rahmen der gegebenen Tradition und Überlieferung zu reagieren, sondern diese bewusst zu konterkarieren und zu überwinden. Der sich kurz vor dem Ersten Weltkrieg ankündigende Untergang des klassischen Bürgertums, seiner Ideale und Lebenskultur war aus Sicht der Avantgardisten der Moderne kein Verlust, sondern Befreiung von schon lange überkommenen restriktiven Regeln.

Insofern antizipiert die künstlerische Avantgarde lediglich die gesellschaftliche Entwicklung nach dem Zweiten Weltkrieg. Und es ist kein Zufall, dass die vielleicht populärsten Repräsentanten der Nachkriegsmoderne, Warhol und Beuys, die Trennung von Kunst und Alltag bewusst aufhoben. Spätestens mit dem gesellschaftlichen Sieg der Emanzipationsbewegungen der 1960er Jahre sind Kunst und Alltagskultur endgültig von der gleichen Ideologie durchdrungen: der Überzeugung, dass Regeln, tradierte Kategorien und ästhetische oder ethische Normen zutiefst emanzipationsfeindlich sind. Sie verhindern das Zu-sich-selbst-Kommen des Künstlers ebenso wie die Selbstfindung des Normalkonsumenten. Nur wenn alles möglich ist und es keine Grenzen mehr gibt, ist der Künstler ebenso bei sich wie das sich suchende Selbst. Beuys' zu Tode zitierter Satz, dass jeder ein Künstler ist, entfaltet hier seine ganze Bedeutung.

Selbstverständlich begann die Moderne nicht mit einem bestimmten Werk, in einem bestimmten Jahr oder gar an einem konkreten Tag. Dennoch gibt es Künstler, Kunstwerke und Ausstellungen, die zumindest symbolisch für einen Umbruch stehen, der sich faktisch über Jahrzehnte vollzog. Ein Datum von gleichnishaftem Wert ist dabei sicher das Jahr 1913, als Marcel Duchamp ein Rad auf einen Hocker montierte und so das schuf, was später als Ready-made Weltberühmtheit erlangte. Damit begann die »Zerstörung der konventionellen Kunst« – so immerhin Peter Gay, ein erklärter Apologet der Moderne.

Erforderte »Fahrrad-Rad« noch einen gewissen handwerklichen Eingriff Duchamps, so waren sein

»Flaschentrockner« und das berühmte »Fountain« wirkliche Ready-mades, also vorgefertigte Gegenstände, die der Künstler in keiner Weise weiterbearbeitete und die ihren Status als Kunstwerk allein der Behauptung des Künstlers verdankten, Kunst zu sein.

Der Gedanke, einen Gegenstand allein dadurch zu Kunst zu machen, dass man ihn Kunst nennt, war zunächst natürlich nicht ernst gemeint, sondern satirisch. Die Klamauktruppe »Les Arts incohérents« hatte sich schon in den frühen 1890er Jahren mit dieser Idee über die damalige Kunst lustig gemacht. Hier entstanden auch all jene Techniken, die später Ausweis der Avantgarde werden sollten: Readymades, Monochrome, bemalte Bilderrahmen, Collagen und das Spiel mit Antonymen wie etwa einem Konzert der Stille.

Die moderne Kunst begann somit als ihre eigene Karikatur. Das ist bezeichnend. In der Zeit um den Ersten Weltkrieg herum wird jedoch das, was einmal als Scherz gemeint war, plötzlich ernst genommen. Was ausdrücklich Antikunst oder Nichtkunst sein wollte, wird nun zur Kunst erhoben. Was mit bewusster Beliebigkeit und als offener Dilettantismus Spaß erregen wollte, wurde nun mit großer Ernsthaftigkeit gewürdigt.

Dieser Vorgang wird nur verstehbar vor der zunehmenden Auflösung des bürgerlichen Wertekanons und alteuropäischer Kulturvorstellungen. Zunächst wird dieser Wertewandel im Sujet deutlich. Das Private beginnt das Öffentliche abzulösen. Die Künstler bilden nicht mehr den Bürger in seiner öffentlichen Idealgestalt ab und als Repräsentanten bürgerlicher Werte, sondern in alltäglichen Situationen. Auch als Bildsujet emanzipiert sich somit der Mensch der anhebenden Moderne von seiner sozialen Rolle. Gezeigt wird nun zunehmend das Private, das individuelle Selbst in allen möglichen Situationen: bei der Arbeit, beim Dahindämmern, im Lokal.

Doch nicht nur das Sujet wird subjektiver, auch der Stil. Das Flüchtige hält Einzug in die Malerei. Schon im Realismus Mitte des 19. Jahrhunderts verlieren die Formen an Kontur und lösen sich auf, die Farbe, das Farbspiel, das subjektive Farbempfinden gewinnen an Gewicht. Die objektive Welt geht verloren. Die Wirklichkeit wird ersetzt durch die Wahrnehmungsempfindung. Damit wird die Welt der Dinge nicht nur subjektiviert, sondern zugleich deformiert. »Durch das Übergreifen der Farbe über den Gegenstand entfernt sich [...] dieser von seiner empirischen Naturform, nicht mehr um idealisiert, sondern geradezu, um deformiert zu werden.«[2]

Erster massiver Ausdruck dieser endgültigen Abkehr von den Objekten zugunsten des sich radikal emanzipierenden Wollens des Künstlers ist die kubistische Fragmentierung der Dinge: Hier wird

2 P. Kondylis, Der Niedergang der bürgerlichen Denk- und Lebensform, S. 95.

nicht nur von der Welt abgesehen, hier wird die Welt im Namen der Suche nach dem Eigentlichen neu arrangiert. Was Jahrzehnte später in der Deformation des Körpers im Rahmen authentischen Selbstseins, in der Abkehr von der Geschichte, aber auch im radikalen Umbau der Landschaften im Zeichen des Umweltschutzes endet, vollzieht sich zunächst in der bildenden Kunst der Avantgarde: die Eliminierung der Dinge zugunsten eines abstrakten Eigentlichen, der Realitätsverlust zugunsten von Autonomie und Selbstbestimmung. Die Welt wird Wille und Vorstellung.

Wo jedoch jeder Bezug zu den Gegenständen selbst verloren geht, rückt der künstlerische Prozess, rückt das Malen selbst in den Mittelpunkt. Was sich schon in der Romantik andeutete, bricht sich nun endgültig Bahn: die Überhöhung von Kreativität und Phantasie. Dazu gehört auch, dass die klassischen Genres verlassen und neue Montagetechniken ausprobiert werden. Ihren Höhepunkt findet diese Entwicklung im Happening des Aktionskünstlers, das keinerlei Formregeln, Materialien, Medien oder auch nur Gestaltungsorte anerkennt und lediglich seine Intuition, seine Einfälle, Launen und Ideen inszeniert.

Es gehört zu den ungeschriebenen Gesetzen einer individualistischen Emanzipationsgesellschaft, dass die Gefühle, Anwandlungen und Eingebungen des Individuums nicht nur zu respektieren sind, sondern einen besonderen Stellenwert genießen. In diesem Sinne ist der Künstler als Avantgarde der Gesellschaft zugleich Avantgarde eines infantilen Narzissmus, der wie selbstverständlich davon ausgeht, dass das eigene Innenleben von allgemeinem Interesse ist.

Doch die Ideologie der Avantgarde wertet nicht nur das Innenleben des Künstlers gegenüber der objektiven Welt auf, sondern konsequenterweise zugleich die Subjektivität des Betrachters. Denn wenn Kunst das ist, was ein Künstler zu Kunst erklärt, aber jeder Mensch ein Künstler ist, dann – so die syllogistische Logik – ist alles Kunst, was für irgendjemanden Kunst bedeutet. Es ist kein Zufall, dass Duchamp, der als einer der ersten diese Konsequenz radikal aussprach, auch andere traditionelle Konzepte ablehnte und mit Rrose Sélavy ganz bewusst eine weibliche Identität annahm. Letztlich, so Duchamps überaus moderne Botschaft, ist alles soziale Konstruktion, von der Kunst bis zum Geschlecht.

Weshalb sich diese Ideologie zuerst in der Kunst durchsetzte, hat zunächst damit zu tun, dass normative Kategorien, anders als etwa biologische, tatsächlich soziale Konstruktionen sind und daher der Glaube an das Schöne und Wahre leichter zu dekonstruieren ist. Zum anderen repräsentierten die Künstler der Avantgarde aufgrund ihres sozioökonomischen Umfeldes tatsächlich so etwas wie die weltanschauliche Vorhut der hedonistischen Massengesellschaft. Die Emanzipation der Kulturrevolution der 1960er Jahre griff lediglich auf, was Künstler, Literaten und Intellektuelle in Paris, Berlin und London in den Jahren des Fin de Siècle bereits vorgelebt hatten: von sexueller Liberalität über den Drogenkonsum bis zum Interesse für fernöstliche Spiritualitätstechniken. Was als revolutionäre Lebensideale der Bohème begann, sollte gut fünfzig Jahre später im Massenhedonismus enden. Wo jeder ein Künstler ist, muss auch jeder Bohèmien sein können.

So bildeten sich Ende des 19. Jahrhunderts am Rande der bürgerlichen Gesellschaft die Werte der Spätmoderne. An einer klassischen Erwerbsbiographie nicht interessiert und sich schon aus ökonomischen Gründen eher am Rande der sich neu formierenden urbanen Gesellschaft des Industriezeitalters bewegend, bastelte sich die Künstler-Bohème im Namen von Emanzipation und Selbstbefreiung eine Ideologie, die in jeder Hinsicht das Gegenteil bürgerlicher Moral darstellte. Einen zentralen Begriff bürgerlichen Denkens übernehmen die Avantgardisten und Bohèmiens jedoch: die Idee des Fortschritts. Ähnlich wie Wissenschaft und Technik, so wurde suggeriert, kennt auch die Kunst wirklichen Fortschritt. Und wie auch der technische Fortschritt im Zuge der Industrialisierung, vollzieht sich der künstlerische Fortschritt, indem er radikal alles zerstört, was an überholten und verträumten Vorstellungen noch durch die Gesellschaft geistert.

Die Übertragung der Fortschrittserzählung von

der Technik auf die Kunst und schließlich das private Leben des Durchschnittsbürgers hatte allerdings zwei entscheidende Voraussetzungen, ohne die sie niemals massentauglich geworden wäre: die im bürgerlichen Denken verankerte romantische Vorstellung vom sich in Erotik, Rausch, Sinnlichkeit und Konventionsbrüchen selbst findenden Individuum sowie die sozialen Verwüstungen des Zweiten Weltkrieges und den anschließenden Breitenwohlstand. In diesem historischen Moment findet zusammen, was zusammengehört: Kunstavantgarde und hedonistische Alltagskultur. Damit verabschiedet sich die Kunst endgültig von der Kunst und von der Welt. In den Worten Hans Sedlmayrs: »Die Kunst strebt fort von der Kunst, an der sie ebenso wenig Genüge hat wie der Mensch am Menschen. Indem sie zu einer Überkunst strebt, stürzt sie oft in Unterkünstlerisches ab.« Ein Symptom von allegorischer Bedeutung. Denn »nicht nur in der Kunst will der Mensch fort von der ›Mitte‹, fort vom Menschen«.[3]

Was einmal Kunst war, wird nun Teil der allgemeinen Unterhaltungsindustrie, was zu einer Aufwertung der Populärkultur führt. Zugleich »bedeutet die Möglichkeit, alles, auch Schrott, in Kunstwerk zu verwandeln, dass alles zur Ware werden kann, zumal Kunstwerke in der massenhaft konsumierenden Massendemokratie mehr denn je als Ware

3 H. Sedlmayr, Verlust der Mitte, S. 150 f.

gehandelt werden«,[4] wie Kondylis präzise zusammenfasst.

Die Forderung der Avantgarde nach Abschaffung der Kunst erfüllt sich schließlich im Zeichen der Konsumgesellschaft und fügt sich so in die allgemeinen Nivellierungstendenzen der Massendemokratie. Dazu gehört auch der für Selbstfindungsgesellschaften zentrale Gedanke, dass nur das eigene Wollen einen Menschen definiere. So wie der avantgardistische Künstler dadurch zum Künstler wird, dass er das Leben eines Künstlers führt, definiert sich der Angehörige der Wohlstandsgesellschaft durch seine Art zu leben und zu konsumieren.

Damit einher geht eine Aufwertung der Authentizität sowohl für den Künstler als auch den Durchschnittskonsumenten. Die Wertigkeit eines Kunstwerkes bemisst sich nicht nach den technischen Fertigkeiten des Künstlers, sondern an der Echtheit der Gefühle, die er in den Entstehungsprozess eingebracht hat. Gleiches gilt für das gelungene Leben des Normalbürgers, das sich an der vermeintlichen Unverstelltheit des jeweiligen Subjektes misst. Diese Apotheose des Authentischen mündet sowohl in der Kunst als auch in der Alltagsideologie paradoxerweise in einer Feier des Zufälligen und Spontanen. Was zählt, ist nicht das Geplante, Maßvolle und Altbewährte, sondern das ganz Verrückte,

---

4 P. Kondylis, Der Niedergang der bürgerlichen Denk- und Lebensform, S. 242.

Aufregende, Neuartige. Es ist daher nur folgerichtig, dass Kunst, neue Medien und Selbstinszenierung ab den 1970er Jahren zunehmend miteinander verschwimmen. Auf die Videoinstallation folgt der Videoclip, folgt der YouTube- und Instagram-Beitrag. Wenn alle Künstler sind, ist es der Influencer allemal.

Kunst und Alltag amalgamieren zu einer diffusen Popkultur, deren soziale Träger die breite Mittelschicht der westlichen Wohlstandgesellschaften ist. Nun kann endgültig jeder ein Star werden. Kunst, Selbstfindung und Marketing sind untrennbar ineinander verflochten. Musste Andy Warhol tatsächlich noch ein Könner auf seinem Gebiet sein, so kann heutzutage jeder Kommerz zur Kunst erheben und Kunst zum Kommerz, genauer: zum Marketing. Denn das Marketing spricht genau jene Facetten der Persönlichkeit an, die das Selbst auf Selbstsuche am meisten goutiert: Emotionen, Spaß und scheinbare Unkonventionalität: Weil ich es mir wert bin.

Historisch gesehen, ist die Moderne nichts anderes als der soziopsychologische Sieg der Romantik über die Klassik in Gestalt der hedonistischen Konsumgesellschaft. Das Leben ist Kunst geworden und jeder ein Künstler in eigener Sache. Gefühle und Affekte verbürgen Authentizität. Man ist besessen vom eigenen Innenleben. Disziplin und Form gelten als steif. Schon die alten Romantiker machten sich über Philister lustig. Eine ganze Gesellschaft berauscht sich an ihrer Lockerheit, feiert die eigene Haltlosigkeit und Desorientierung als Gipfel der Befreiung.

Der Gedanke, dass die Welt so sein könnte, wie sie ist, gilt als naiv, gegebenenfalls als borniert, im schlimmsten Fall als reaktionär. Man stellt sich die Welt als fluide vor, als beliebig formbar. Jeder Wohlstandsbürger erweist sich als kleiner Gott, der sich die Erde untertan macht und nach seinem Willen gestaltet. Die Phantasie hat den Realitätssinn als bürgerliche Tugend endgültig abgelöst. Dabei behilflich sind die Medien. Sie bilden die Welt nicht länger ab oder berichten von ihr, sondern gestalten eine neue. Nur was in den Medien präsent ist, zählt wirklich. Nur wie es präsent ist, ist es. Insbesondere die sozialen Medien haben die Welt der Objekte abgelöst. Nicht das reale Essen zählt, sondern das bei Instagram gepostete. Nicht der Geschmack interessiert, sondern die visuelle Oberfläche. Nicht der wirkliche Urlaubsort soll begeistern, sondern sein mit dem Bildbearbeitungsprogramm optimiertes digitales Pendant. Gegenstände und Orte verschwinden in einer optimierten Welt. Das narzisstische Selbst überarbeitet die Wirklichkeit so lange, bis sie seinen kindischen Wünschen entspricht.

Wie Pippi Langstrumpf macht sich der Mensch der digitalen Moderne die Welt widdewiddewit wie sie ihm gefällt. Und zwei mal drei macht natürlich vier. Das Ganze hat nur einen Haken: Was ihm gefällt, gefällt ihm, weil es Millionen anderen auch gefällt. Die Autonomie, sich wie ein Künstler die Alltagswelt nach Gutdünken frei zu gestalten, ist bloßer Schein. Die Mosaiksteinchen, aus denen er das Bild seines Lebens basteln will, wurden ihm in die Hand gelegt. Denn der Bürger der globalen Konsumgesellschaft bewegt sich durch ein Angebot von Waren, das mehr ist als eine gigantische Ansammlung von Gütern und Dienstleistungen. Es ist vor allem immer auch ein Netz von Bedeutungen und Querverweisen. Jeder Sneaker, jede Hose, jedes Urlaubsziel, jede Sportart, jede Küchenmaschine ist ein Zeichen. Und diese Zeichen stehen für etwas. Für eine soziale Gruppe. Eine Subkultur. Eine politische Haltung. Einen Lebensstil. Für eine Bildungsschicht.

Die Konsumgüter, mit denen wir uns umgeben, sind eine Sprache. Jedes Objekt ist ein Wort mit einer Bedeutung. Wir benutzen sie, um uns selbst darzustellen, um uns einzuordnen und abzugrenzen. Manche machen das bewusst. Etwa jugendliche Subkulturen. Die meisten unbewusst. Unsere Wünsche entwickeln wir anhand der Grammatik dieser Gütersprache. Wir wissen sehr genau, welche Schuhe, welche T-Shirts, welches Auto und welche Sportart in unserer Community angesagt ist. Denn jede soziale Gruppe, jede Peergroup hat ihren eigenen Code, mit dem sie sich verständigt und der ein Gefühl der Zusammengehörigkeit stiftet.

So erzeugen die Gesellschaften der Konsummoderne schließlich Trends. Also allgemeine Symbole und Regeln, denen man zu folgen hat, wenn man dazugehören möchte. Trends kanalisieren und reglementieren das Chaos der Wünsche und Begehren der Individuen. Dort, wo der feste Rahmen einer allgemeinen Kultur unter den Schlägen der Moderne pulverisiert wurde, wird der Trend zum entscheidenden kulturellen Normierungssystem. Er schafft für einen Teil der Gesellschaft und innerhalb eines kurzen Zeitraums jene Verbundenheit unter den Selbstsuchern und Selbstoptimierern, die bis zur Mitte des 20. Jahrhunderts durch die Restbestände überlieferter europäischer Kulturvorstellungen gestiftet wurde. Der Trend ersetzt die Tradition als Standardisierungsmaßstab.

Aus diesem Grund ist das Trendgesteuerte spätmoderner Gesellschaften nicht wiederum lediglich ein Trend, der morgen verblassen könnte. Von Trends beherrscht zu werden, ist vielmehr eine grundlegende Eigenschaft hochgradig heterogener und pluralistischer Gesellschaften, in denen die permanente Jagd nach dem Neuen im Zeichen der Selbstwerdung dauerhafte und langfristige Normensysteme abgelöst hat. Der Wandel wird zur Kontinuität. Das einzig Stabile ist die andauernde Veränderung.

Doch in einer Gesellschaft, in der jeder innovativ und kreativ sein will, setzen Veränderungen unter Veränderungsdruck. Was einmal als Ideologie der Avantgarde begann, endet im Wettlauf um den neuesten Hype. Die Trendgesellschaft wird daher beherrscht von immer schneller sich ablösenden

Moden. Entsprechend steigt deren Bedeutung. Sie sind der Schmierstoff einer pluralisierten und dynamischen Gesellschaft, die nicht mehr von Herkunft und Überlieferung bestimmt wird. Das spätmoderne Ich definiert sich nicht darüber, was war, sondern darüber, was kommen wird. Die Vergangenheit taucht allenfalls als Zitat und Retro-Phänomen auf. Weil aber der Mensch der Spätmoderne jeden Kontakt zur Geschichte und zum Historischen verloren hat, begreift er selbst das Retro-Zitat nicht mehr, sondern versteht es als Versprechen auf eine hippe Zukunft. Alles verschwimmt in einem Horizont der Gleichzeitigkeit. Der Chic von heute ist ein Potpourri aus Nachahmung. Die Modebranchen, stolz auf ihre Kreativität, verlieren sich in einem Zeitvakuum, das weder im Gestern verankert ist noch im Morgen und daher auch keine Gegenwart hat.

Da das, was »in« ist, morgen schon »out« ist, verfehlt die Idee der Mode ihr größtes Versprechen: man selbst zu sein, Persönlichkeit zu werden und diese zum Ausdruck zu bringen. Mit Mode kann nur derjenige seine Persönlichkeit ausdrücken, der keine hat. So werden Wandel und Brüche zu Idealen einer Gesellschaft auf der Suche nach sich selbst. Als Vorbild gilt, wer sich »permanent neu erfindet«, wie es dann in den Feuilletons bewundernd heißt.

Natürlich erfindet sich hier niemand neu, vielmehr überlegen Marketingstrategen sich eine andere Verpackung für Altbekanntes. Dieses Altbekannte war allerdings schon immer Camouflage und Pose. So wird der laufend neu und anders inszenierte Star zum Symbol einer Gesellschaft, die Orientierungslosigkeit zum neuen Orientierungsmaßstab erhebt.

Es verwundert nicht, dass diese auf andauernde Unruhe gestellte Gesellschaft unfähig zu Besinnung, Konzentration und Ruhe ist. Man zappt sich durchs Fernsehprogramm, sofern man überhaupt noch willens ist, ein lineares Angebot zu verfolgen. Man klickt einen Film an und spult ungeduldig nach vorne. Zeitungen werden, wenn überhaupt, nur noch überflogen. Man liest Überschriften, Teaser und vielleicht noch den letzten Absatz eines Artikels. Langfristige Verabredungen mit Verbindlichkeitscharakter sind den neuen Kommunikationsmöglichkeiten zum Opfer gefallen. Alles kann jederzeit zur Disposition gestellt werden. Man wischt sich durch sein Leben wie durch die Angebote seines Smartphones. Kaum am ersehnten Urlaubort angekommen, träumt man sich zum nächsten.

In einer Alltagskultur, in der nicht die Sache selbst einen Wert genießt, sondern immer nur die Differenz und die Überwindung des Heute, treibt das Verlangen nach dem anderen die Gesellschaft immer schneller weiter. Forciert wird diese Entwicklung durch technische Neuerungen und einer damit einhergehenden Beschleunigung des Lebenstempos.

Soziale Beschleunigung und technische Beschleunigung und damit ein erhöhtes Lebenstempo, so

Hartmut Rosa, »haben ein sich selbst verstärkendes ›Feedback-System‹ gebildet, das sich ohne Unterlass selbst vorantreibt«[5] und den Menschen das Gefühl gibt, sich auf einem rutschigen Abhang zu befinden. Die Gegenwart scheint permanent zu schrumpfen. Private und berufliche Verpflichtungen werden immer dichter. Familie, Job und Freizeitaktivitäten verschmelzen zu einer Endloskette an Verpflichtungen. Die modernen Gesellschaftsstrukturen aus Berufstätigkeit, Familienleben, Urlaub, Sport, Events und Social Life verwandeln auch das Privatleben in einen Terminplan. Was als Weg in die Selbstverwirklichung gedacht war, endet in dem Gefühl, nicht mehr Herr des eigenen Lebens zu sein.

Gegen diese permanente Beschleunigung aller Lebensbereiche im Zeichen andauernder Selbstoptimierung revoltieren die Menschen instinktiv mit der Schaffung von Inseln der Entschleunigung. Sie studieren Ratgeberliteratur, die helfen soll, das Leben effizienter zu machen, um so mehr Freiräume zu schaffen. Langsamkeit wird zum Luxusgut, das gezielt konsumiert wird. Etwas langsamer machen zu können, wird zum Privileg. Man genießt im Slow-Food-Restaurant und reist mit dem Slow-Wine-Führer durch Italien. Doch all diese Bemühungen versagen. In einem paradoxen Effekt tragen sie dazu bei, dass der Beschleunigungsdruck außerhalb der

5 H. Rosa, Beschleunigung und Entfremdung, S. 42.

Entschleunigungsoasen noch zunimmt. Vor allem aber ändern sie nichts am wirklichen Problem: dem Ideologiecharakter der Zeitverknappung, deren Teil die Entschleunigungspropaganda ist.

Die soziale Beschleunigung weist, wie Hartmut Rosa deutlich macht, »Merkmale einer totalitären Herrschaft«[6] auf, insbesondere dadurch, dass sie ihren Ideologiecharakter zu verschleiern versucht und sich als bloße Tatsache, als naturgegeben und alternativlos gibt. Das ist auch deshalb so, weil dieses rigide Zeitregiment lediglich die andere Seite der Emanzipationsmedaille ist: Erst das Idealbild einer unabhängigen, selbständigen und spontanen Lebensführung, die sich weniger an langfristigen Plänen und Werten orientiert, sondern an Eingebungen, Moden, Lebensphasen oder Stimmungen, macht eine kleinteiligere und feinkörniger strukturierte Gesellschaft mit ungleich höherer Regelungsdichte an Deadlines, Terminen und Fristen notwendig.

Kurz: Die Sehnsucht nach Autonomie führt in die Unfreiheit. Einst als großes Freiheitsversprechen gestartet, erstarrt die Moderne an der Komplexität, die individuelle Autonomie und der immer schnellere Wechsel der Moden und Selbstentwürfe, der Vorlieben und Interessen mit sich bringen. So kommt es zu einer grotesken Situation: »Während sich Individuen einerseits als vollkommen frei wahr-

---

6 Ebd., S. 89.

nehmen, fühlen sie sich andererseits um so stärker beherrscht von einer stetig zunehmenden Liste von sozialen Anforderungen« und »heterogenen wie unkontrollierbaren Belastungen und sozialen Imperativen unterworfen«.[7]

Sinnbild dieser Entwicklung ist die Armbanduhr. Faktisch bedeutungslos und zum Schmuckstück degradiert, nehmen Umfang, Durchmesser, Gewicht und Preis durchschnittlicher Herrenuhren seit Jahrzehnten zu. Das Symbol selbstbestimmter Zeiteinteilung bläht sich sinnlos auf, wird zum anachronistischen Liebhaberstück und hebt damit seine eigene Überflüssigkeit hervor. Sein Träger, dem rigiden Zeitregime der digitalen Prozesse im Hintergrund unterworfen, versucht, in der analogen Welt seine Herrschaft über die Zeit zu demonstrieren. Doch tatsächlich unterstreicht das klobige Chronometer seine Ohnmacht und sein Ausgeliefertsein an die digitalen Mechanismen der Terminvergabe.

Der individualistische Lebensstil führt letztlich zu einer Aufwertung zeitlicher Normen, die den emanzipatorischen Freiheitsgewinn konterkariert. »Die Kräfte der Beschleunigung«, so Rosa, »werden nicht länger als befreiend erfahren, sondern als unterdrückerische und permanent Druck ausübende Macht.«[8] Die durch den Wunsch nach

7 Ebd., S. 109.
8 Ebd., S. 116.

Autonomie und Emanzipation freigesetzten Kräfte erweisen sich als so machtvoll, dass sie sich gegen ihren ursprünglich freiheitlichen Impuls wenden. Dem überlieferten Kultursystem entrissen, das ihm die Möglichkeit eines stabilen Selbst gab, erweist sich der Mensch der Moderne gefangen in nicht beherrschbaren, anonymen und sich immer schneller vollziehenden Transformationsprozessen, die eine individuelle Lebensplanung unmöglich machen.

Dies gilt nicht nur mit Blick auf Konsum, Zeitökonomie, Digitalisierung und Wirtschaftsstrukturen, sondern auch hinsichtlich der Rolle des Staats. Je stärker das Individuum sich aus sozialen Bindungen emanzipiert und je komplexer die Sozialstrukturen einer Gesellschaft werden, desto stärker sieht sich der Staat gefordert, Strukturen aufzubauen, die den Einzelnen vor den Wechselfällen des immer unberechenbareren Lebens schützen: »Die Befreiung des Einzelnen [...] erzeugt einen sich selbst verstärkenden Kreislauf, in dem das zunehmend entwurzelte Individuum den Staat stärkt, der es hervorgebracht hat.«[9] Das einzugestehen, sind moderne Gesellschaften jedoch schon aus ökonomischen Gründen nicht in der Lage. Und so schaffen sie sich eine alle Lebensbereiche durchdringende Ideologie, die das Scheitern der Moderne in einen Triumph umzudeuten versucht.

---

9 Patrick J. Deneen, Warum der Liberalismus gescheitert ist, S. 90.

V. Glaube, herrschende Ideologie und absolute Propaganda

Der Mensch unserer Gegenwart weiß sich als aufgeklärt. Dem Aberglauben vergangener Jahrhunderte mit seinen Geistern, Dämonen und magischen Vorstellungen hat er abgeschworen. Er lächelt über die seltsamen Vorstellungen früherer Generationen von Zeit und Raum. Über die Naivität, mit der sich längst untergegangene Kulturen als Zentrum des Universums wähnten und Herrscher als von den Göttern abstammend oder zumindest von diesen eingesetzt. Und dass selbst die Naturwissenschaften nur mit Modellen arbeiten und keinesfalls Abbildungen der Realität liefern, gehört heutzutage zum mit Emphase vorgetragenen Bewusstsein zumindest der Besserwissenden.

Doch seltsam. Der Mensch der Spätmoderne ist ein Gläubiger. Immer noch. Dreihundert Jahre nach Beginn der Aufklärung klebt er nach wie vor an gefühlten Gewissheiten, eingefahrenen Denkmustern und erlernten Normen. Vielleicht glauben wir mehrheitlich nicht mehr an Gott. Statt dessen aber glauben wir umso intensiver an ein ganzes Panoptikum neuer Götter: an den Universalismus, die Globalisierung, die Digitalisierung, die Menschenrechte, an die Zivilgesellschaft oder zumindest an

Feinstaubwerte. Und auch die neuen Götter erweisen sich als eifersüchtig und wenig tolerant. Sie dulden keine anderen Götter neben sich.

So kommt es, dass auch die sich aufgeklärt wähnende Gesellschaft von gefühlten Gewissheiten beherrscht wird, von intellektuellen Tabus und Überzeugungen, die man zu haben hat, möchte man nicht die soziale Ächtung riskieren. Insbesondere in den letzten zwei Jahrzehnten hat sich ein interessantes Tableau von Ansichten und Meinungen zu Themen wie Klimaschutz, Migration, Gender oder Minderheiten herausgebildet, die zusammen eine säkulare Glaubenslehre bilden. Wer sie kritisiert oder anzweifelt, gilt als Häretiker und latente Gefahr für die Gesellschaft. Eine neue Betulichkeit feiert fröhliche Urstände, nur kommt sie bei weitem nicht so gemütlich daher wie der alte Biedermeier. Hinter der Fassade leutseliger Bürgerlichkeit und zur Schau gestellter Achtsamkeit ist man unverhohlen aggressiv. Die Inklusion, die man zum Maßstab wirklicher Menschlichkeit erhoben hat, erweist sich als Farce. Die spätmoderne Gesellschaft schließt nicht minder effektiv aus als vormoderne Gemeinwesen. Unliebsame Gedanken und Milieus werden konsequent exkludiert, mit dem Ziel, eine neue, homogene Gemeinschaft zu schaffen. Zur Not hilft der Verfassungsschutz oder das Gesetz gegen Fake News. Unsere Gesellschaft ist nicht nur ebenso gläubig und dogmatisch wie die mittelalterliche. Sie ist auch genauso engstirnig.

Auch die Neigung zur Toleranz hat über die Jahrhunderte keinesfalls zugenommen. Schon die Wiederkehr der totgeglaubten Figur des Leugners in neuem Gewand ist verräterisch. Galt einst der Gottesleugner als Verkörperung abgrundtiefer Verwerflichkeit, so rufen nun Klima- und Coronaleugner allgemeine Empörung hervor. Und wie schon vor der heiligen Inquisition wird man nicht nur durch Leugnen zum Leugner. Schon das Stellen kritischer Fragen reicht aus.

Um all die Abweichler und Ungläubigen zu bekämpfen, bedarf es des modernen Exorzisten: des Experten. Bewaffnet mit dem Kruzifix der richtigen Gesinnung, tritt er all jenen entgegen, die von der herrschenden Glaubenslehre abweichen. Seine Aufgabe: ketzerische Lehren und ihre Anhänger dem Fegefeuer der öffentlichen Meinung anheimzugeben. Mit Tatsachen allein ist dies jedoch nicht getan. Denn über Tatsachen ließe sich diskutieren.

Also verbindet der Experte seine empirischen Kenntnisse mit normativen Überzeugungen. Wissenschaftliche und moralische Sprache beginnen miteinander zu verschwimmen. Die Grenze zwischen Fakten und Moral wird bewusst aufgehoben. Aus jeder Messreihe wird ein Vorwurf, aus jeder Beobachtung eine Anklage, aus jeder Studie eine Mahnung. Datensätze zur Klimaentwicklung, zu einem Infektionsgeschehen oder zu sozialen Entwicklungen werden unter der Hand des Experten zum Tribunal. Und die gläubige Gesellschaft lauscht ihm schaudernd und ergriffen.

Der Experte ist der Glaubenswächter spätmoderner Gesellschaften. Egal ob bei Klima und Corona, Ernährung, Finanzen oder Partnerschaft: Er gibt der postreligiösen Gesellschaft Halt, Orientierung und damit eine Perspektive. Verlangte der Priester vergangener Jahrhunderte jedoch Beichte und Umkehr, so weiß sein spätmoderner Wiedergänger: Erlöst wird nur derjenige, der Grenzwerte einhält. Gleichgültig, ob Feinstaub, CO_2, Durchschnittstemperaturen, Infektionsinzidenzen, Kalorien, Kohlenhydrate oder Cholesterin: Der Experte hat den Grenzwert parat, der Seelenheil verspricht.

Diese Rhetorik ist deshalb so erfolgreich, weil sie die Terminologie einer technologisierten Gesellschaft benutzt. Der Versuch, das kritische Bewusstsein auszuschalten, bedient sich des Jargons der Aufklärung. Wer dem Experten und seinem moralischen Framing folgt, fühlt sich daher nicht als Gläubiger, sondern als Verfechter von Wissenschaftlichkeit und Rationalität. Hinzu kommt, dass auch das angeblich autonome und emanzipierte Subjekt der moderne Teil der Gemeinschaft sein will. Besonders ausgeprägt ist dieses Missverhältnis zwischen Selbstbild und Realität im Milieu der Kulturschaffenden, der Intellektuellen, der Künstler und Denker. Hier, wo man sich ausgesprochen viel darauf einbildet, geistig unabhängig zu sein und angebliche Gewissheiten permanent zu hinterfragen, reproduziert man die medial verbreiteten Standardsätze des offiziell richtigen Meinens mit besonderer Hingabe. Dem dabei entstehenden Widerspruch versucht man dadurch zu entkommen, dass man die eigene Mehrheitsmeinung zu einer Außenseiterposition deklariert. Die mit der geballten Deutungsmacht von elektronischen Medien, staatlichen Instituten und Stiftungen forcierte Weltinterpretation mutiert aus Sicht ihrer Apologeten zu einem von Querdenkern und Populisten bedrohten Minderheitenstandpunkt. Der eigene Opportunismus wird zum heroischen Widerstand.

Auch die Jugend als traditioneller Träger gesellschaftlicher Opposition ist in diese Simulation der Kritik eingebunden. Von der Kita an im Geiste von Gleichheit, Diversität und Nachhaltigkeit erzogen, sucht zumindest die medial präsente Jugend überwiegend nicht die Konfrontation mit der etablierten Ideologie, sondern bekundet auf der Straße, in NGOs und sozialen Netzwerken ihre Gefolgschaft. Egal ob Klimawandel, Migration oder Genderpolitik: In keiner anderen Altersgruppe werden die einschlägigen Phrasen des Zeitgeistes unreflektierter nachgebetet als bei der sogenannten Generation Z. Die Jugend wird zu Avantgarde des Weiter-so.

»Mündigkeit ist vor allem Einsamkeitsfähigkeit«[1], formulierte einst Odo Marquard. Doch der

---

1 O. Marquard, Abschied vom Prinzipiellen, S. 18.

Mensch der digitalisierten Spätmoderne ist nicht einsamkeitsfähig. Schwankend zwischen verschiedenen Lebensentwürfen, Lebensstilen und Moden, von Lebensphase zu Lebensphase sich neu orientierend und hineingeboren in eine Gesellschaft, die von den Fliehkräften individueller Emanzipation immer weiter auseinandergerissen wird, versucht er verzweifelt, dazuzugehören. Kritik, Opposition und Widerspruch zur herrschenden Meinung vermeidet er ängstlich. Herausgerissen aus den sozialen Bindungen früherer Generationen, ist ihm die Angepasstheit an den moralpolitischen Zeitgeist die letzte Heimat. Sie will er auf keinen Fall verlieren.

Skeptizismus, die klassische Tugend des aufgeklärten Denkens, ist dem Heimatlosen suspekt. Kritik oder gar Zweifel will er sich nicht erlauben. Unsere spätmoderne Gesellschaft droht einer neuen Orthodoxie anheimzufallen. Der Anpassungsdruck nimmt weiter zu. Der Alltag wird tribunalisiert. Die emanzipierte und individualisierte Gesellschaft beginnt sich ideologisch gleichzuschalten, da Ideologien allein das zu geben versprechen, was auf der alltäglichen sozialen Ebene verlorengegangen ist: Identifikation, Gemeinsamkeit, Wir-Gefühl. Das ist der einfache Grund dafür, dass Ideologien im angeblich aufgeklärten und postideologischen Zeitalter eine ganz neue und pointiertere Bedeutung gewinnen. Sie geben dem angeblich autonomen und selbstbestimmten Individuum das Gefühl, zu einer Gruppe zu gehören, zu einer Gemeinschaft Gleichgesinnter.

Anders als die Identifikationsgemeinschaften des bürgerlichen Zeitalters, die Nationen, Klassen, Religionsgemeinschaften und Kulturverehrer, sammeln sich die zeitgenössischen Überzeugungskollektive allerdings um abstrakte Ideale herum. Konkrete Normen würden das autonome, selbstbestimmte Leben einschränken. Schließlich ist man frei, ungebunden, international, kreativ und flexibel. Also gruppieren sich die postmodernen Sammelbewegungen um Ziele und Visionen, die diese individuellen Lebensvorstellungen auf eine universale Ebene heben, und das bedeutet – auf die Ebene der Moral.

Das hat einen angenehmen Nebeneffekt. Der Lebensstil des emanzipatorischen und hedonistischen Individuums wird ethisch geadelt. Er erscheint nicht länger egoistisch oder egoman, sondern als Ausdruck verwirklichter Menschenrechte. Persönliche Marotten oder Vorlieben sind keine individuellen Spleene, sondern gelebte universale ethische Ansprüche.

Moral wird daher zur Leitideologie spätmoderner Gesellschaften – zu ihrer letzten Religion.[2] Denn nur abstrakte Moralprinzipien sind in der Lage, in einer heterogenen Gesellschaft kollektive Identität zu stiften. Sie geben Orientierung, ohne emanzipa-

---

2 Hierzu ausführlicher: A. Grau, Hypermoral, insbesondere S. 73 ff.

tionsfeindlich zu wirken. Wo traditionelle Moral aufgrund ihres asketischen Grundcharakters einschränkte, mutiert die Moral postmoderner individualistischer Gesellschaften zur Rechtfertigungsideologie des eigenen Lebensstils.

Das erklärt auch die ideologischen Verhärtungen der aktuellen normativen Debatten. Denn wer den herrschenden universalistisch-liberalen Moralismus kritisiert, kritisiert damit nicht nur irgendwelche moralischen Normen, über die man zur Not ja diskutieren könnte, sondern den zur Ideologie geronnenen Lebensstil westlich geprägter Gesellschaften. Dies muss schärfsten Protest hervorrufen, da eine solche Kritik das ohnehin fragile Selbstverständnis und Zugehörigkeitsempfinden einer auf Selbstfindung gepolten Gesellschaft trifft. In einer Gesellschaft, die nichts anderes mehr zusammenhält als die Autonomieforderungen und Solidaritätsansprüche der Individuen, fungiert eine aufgekratzte und hypersensible Moral als letzter Kitt.

Doch auch dieser Kitt beginnt zu bröseln. Denn eine Gesellschaft, die ihren Zusammenhalt und ihre Identität aus einer Moral bezieht, die universalistisch und zugleich hochindividualistisch zu sein vorgibt, löst sich zunehmend in Submilieus auf. Wo die Überwindung althergebrachter Sozialisationsmuster Bedingung einer gelungenen Emanzipationsgeschichte ist, wird die Zugehörigkeit zu einer Minderheit zum Ideal. »Subkulturen«, schrieb Olaph-Dante Marx daher schon Anfang der

1980er Jahre, »sind immer auch kuschelige Schmuseecken, in die man sich zurückziehen kann, wenn die Welt wieder bös mit einem war. Eine Antizipation von Weltentwürfen findet hier längst nicht mehr statt. Wehleidigkeit und Eigenbrötlertum herrschen vor«.[3] Denn wenn ich authentisch bin, bin ich Minderheit, und wenn ich Teil einer Minderheit bin, bin ich authentisch. Die Mehrheit und ihre angebliche Normalität gelten umgekehrt als repressiv und emanzipationsfeindlich. Das hat den Nebeneffekt, dass die Minderheit nicht nur an emanzipatorischem Sozialprestige gewinnt, sondern als potentielle Opfergruppe moralisches Kapital sammelt. Die Minderheit zu kritisieren wird daher zum größtmöglichen Sakrileg spätmoderner Emanzipationsgesellschaften. Zugleich dominiert die Logik des Minderheitenschutzes den öffentlichen Diskurs. Der Universalismus, in dessen Namen Minderheiten einst für ihre Rechte kämpften, wird als Herrschaftsinstrument der alteuropäischen Mehrheit entlarvt, die Minderheiten fordern Partikularrechte ein. Gerecht ist, was positiv diskriminiert – also der Minderheit Vorteile gegenüber der Mehrheit verschafft. Universalismus, Liberalismus und Individualismus scheitern im Moment ihrer absoluten Verwirklichung. Es gibt keine empirischen Menschen mehr, sondern nur noch sich selbst einordnende und bestimmende Konstrukte. Die Entfrem-

---

3 O.-D. Marx, Endstation irgendwo, S. 159.

dung des Menschen von sich selbst im Namen der Menschenrechte ist perfekt.

Allerdings wäre es naiv, die herrschende Moralideologie allein aus den Interessen der Individuen heraus zu erklären. Zu Recht betonen Marx und Engels im »Kommunistischen Manifest«: »Die herrschenden Ideen einer Zeit waren stets nur die Ideen der herrschenden Klasse.«[4] Und in der »Deutschen Ideologie« ergänzt Marx: Jede herrschende Klasse »ist genötigt, (...), ihr Interesse als das gemeinschaftliche Interesse aller Mitglieder der Gesellschaft darzustellen, d. h. ideell ausgedrückt: ihren Gedanken die Form der Allgemeinheit zu geben, sie als die einzig vernünftigen, allgemein gültigen darzustellen«.[5]

Die Diagnose, dass die herrschenden Ideen einer Zeit die Ideen der jeweils herrschenden Klasse sind, ist dabei keine verschwörungstheoretische Annahme, sondern hat rein funktionalistische Gründe. Die herrschenden Ideen einer Zeit sind so lange die herrschenden Ideen, wie sie der Funktionalität und den ökonomischen Belangen einer Klasse förderlich sind. Denn wahr ist, was funktioniert. Funktionieren die herrschenden Ideen nicht mehr, werden sie von einer anderen Ideologie abgelöst,

---

4 K. Marx/F. Engels, Manifest der kommunistischen Partei, S. 480.

5 K. Marx, Deutsche Ideologie, S. 47.

deren Trägerin eine andere soziale Klasse ist. Der Übergang vom Feudalismus zum bürgerlichen Zeitalter ist dafür ein gutes Beispiel. Und selbstverständlich besteht der Legitimationstrick der Ideologie der herrschenden Klasse darin, diese eben nicht als Produkt irgendwelcher egoistischen Teilinteressen erscheinen zu lassen, sondern als Ausdruck der Interessen der Gesamtgesellschaft oder noch besser: der gesamten Menschheit.

Die kulturrevolutionäre Pointe der Spätmoderne liegt darin, dass wir es mit einer herrschenden Klasse zu tun haben, die sich erstmals in der Menschheitsgeschichte über ihre Modernität und ihre Fortschrittlichkeit definiert.[6] Die neuen globalen Eliten sind dezidiert progressiv. Opfer ihrer eigenen Ideologie, sind sie eingekerkert in ein teleologisches Geschichtsbild, das darauf basiert, dass die Geschichte auf den Sieg des westlichen, universalistischen Linksliberalismus hinausläuft und dass die Welt sich in nicht allzu ferner Zukunft in eine Art großes New York verwandelt haben wird: multikulturell, kreativ, tolerant, offen und divers. Ein Ort, an dem Menschen nicht mehr bestimmt sind von Herkunft, Sozialisation, Religion, Tradition oder Geschlecht, sondern sich vollständig selbst entwerfen können.

---

6 Vergleiche hierzu: A. Grau, Wo wir sind, ist vorne.

Die Eliten der Spätmoderne sehen sich, anders als die traditionellen Eliten von der Antike bis zum Beginn der Moderne, nicht mehr als Hüter des Ewigen, sondern als Speerspitze des anderen. Waren noch bis in das 20. Jahrhundert hinein die Eliten Europas weitgehend konservativ, um die herrschende Ordnung gegen das notgedrungen progressive Proletariat zu verteidigen, so hat sich diese Frontstellung in den westlichen Wohlfahrtsgesellschaften umgekehrt. Denn unter den Gegebenheiten einer globalisierten Weltwirtschaft sind es vor allem die vom Sozialstaat Abhängigen, die dazu neigen, am Althergebrachten festzuhalten, während die Etablierten und Erfolgreichen dem jeweiligen kulturellen und technischen Trend hinterherhecheln.

Indem sich die neuen Eliten vor allem über ihre Progressivität definieren, entfremden sie sich von den kulturellen Wurzeln ihrer jeweiligen Herkunft. Die neuen kulturellen Trennlinien zwischen den Lebenswelten laufen nicht länger vertikal zwischen den regionalen Kulturen, sondern horizontal. Etwas vereinfacht: Dem IT-Spezialisten eines internationalen Konzerns sind seine Kollegen aus Barcelona, Buenos Aires und Sydney näher als das kleinbürgerliche Vorstadtmilieu, dem er entstammt. Der Identifikationsraum kippt vom Räumlichen und Diachronen ins Synchrone der jeweiligen Gewohnheiten und Präferenzen. Der Habitus dieser Elite wird bestimmt durch die Regeln, die Moden, die Denkungsart und den Lifestyle ihrer global präsenten Klasse. Das führt zwangsläufig zu Konflikten mit jenen Menschen, die in der diachron und räumlich verorteten Welt leben. Denn hier werden nicht einfach nur andere Werte gelebt. Der Dissens besteht schon hinsichtlich der Grundlage der jeweiligen Normen, Ideale und Ziele. Ein moralischer Traditionalismus und Regionalismus treffen auf einen universalistischen Liberalismus und die Ideologie der Offenheit.

Was hier massiv aufeinanderprallt, sind somit nicht nur unterschiedliche Moralvorstellungen, sondern zwei sehr unterschiedliche Auffassungen von Kulturalisierung. Für die modernen Eliten sind die Güter der kulturellen Märkte Ressourcen zur Entfaltung individueller Besonderheit und Expressivität, kurz: Mittel zur Selbstverwirklichung. Das globale Angebot an Folklore, Design, Musik und Sinn-Narrativen wird zu einem Patchwork individueller Selbstgestaltung genutzt. Man bastelt sich eine Identität aus skandinavischem Design, italienischem Essen, asiatischer Spiritualität und amerikanischer Popkultur. Entsprechend werden Diversität, Pluralismus und Kosmopolitismus zu Meta-Werten. Es entsteht das, was der Soziologe Andreas Reckwitz »Hyperkultur« nennt.[7] Ihr gegenüber steht der »Kulturessentialismus« der lokal Verorteten und Beständigen, die auf ihre Traditionen pochen,

---

7 A. Reckwitz, Das Ende der Illusionen, S. 29 ff.

die sie nicht oder zumindest nicht grundlegend in Frage gestellt sehen wollen und die sich aus regionalen Ressourcen speisen.[8]

Aus Sicht der neuen Eliten ist dieser Kulturessentialismus der Bodenständigen allerdings nicht einfach nur eine weitere Kultur in der bunten Vielfalt der Kulturalisierungsangebote, sondern Unkultur, da er Rechte und kulturelle Regeln an ethnische oder kulturelle Zugehörigkeit bindet. Das gilt als emanzipationsfeindlich und antiuniversalistisch und zeigt, dass der traditionelle Kulturessentialismus mit allen zur Verfügung stehenden gesellschaftspolitischen und ökonomischen Maßnahmen bekämpft werden muss.

Lifestyle, Kulturauffassung, Identität und Moral verbinden sich so zu einem ideologischen Amalgam. Die Ideologie der Progressiven und Weltoffenen ist nicht länger nur ein weltanschaulicher Überbau, sondern alltägliche Lebenspraxis. Insbesondere die Moral ist mehr als eine Ansammlung von Verhaltensregeln, sondern Ausdruck umfassenden ganzen Lebensverständnisses, einer Lebensweise. Wer sie kritisiert, kritisiert den Lifestyle der globalen Eliten. Damit aber deligitimiert sich im Umkehrschluss jeder Protest gegen die herrschenden Klassen und das von ihr getragene politisch-ökonomische Sys-

---

8 Der britische Essayist David Goddhart hat diesen Konflikt als soziale Konfrontation von *Anywheres* und *Somewheres* beschrieben. Vgl. D. Goddhart, The Road to Somewhere, S. 53 ff.

tem moralisch umgehend selbst. Er gilt als reaktionär und emanzipationsfeindlich. Die *Gilets jaunes* in Frankreich, die *Proud Boys* in den Vereinigten Staaten, die Wähler von Parteien, die bezeichnenderweise als populistisch eingeordnet werden – sie gelten als restaurative Relikte einer von Ressentiments, Menschenverachtung und Borniertheit getragenen Kultur und Lebensweise.

Ihren moralischen Führungsanspruch beglaubigen die neuen Eliten anhand von Normen, die zugleich Attribute ökonomischer Kompetenz darstellen – also durch Kreativität, Originalität, Flexibilität, Internationalität und Offenheit. Entscheidend daran ist, dass man diese Eigenschaften auch als moralische Werte verstehen *kann*. Der ökonomisch-moralische Führungsanspruch der neuen Eliten besteht darin, dass es ihnen gelungen ist, Schlagworte aus der ideologischen Rumpelkammer moderner Ökonomie zu gesellschaftlichen Idealen und moralischen Werten zu stilisieren. Die Phrasen von *Keynote-Speakern* sind zu moralischen Idealen einer ganzen Gesellschaft geronnen. Das ökonomistische Weltbild einer hochtechnisierten, vernetzten und internationalisierten Wirtschaft verschmilzt mit den Sehnsüchten einer hedonistischen Konsumgesellschaft zu einer universalen Moral, welche die sie tragenden und bestimmenden Milieus ganz nebenbei auch zur moralischen Elite erhebt. Macht, Geld, Lifestyle und moralische Fortschrittlichkeit verbinden sich in singulärer Weise.

Allerdings hätte diese Metamorphose der Ideologie von CEOs, Consultants und Business-Schools zur gesamtgesellschaftlichen Moral vermutlich nicht ganz so reibungslos funktioniert, wenn auf der anderen Seite die politische Linke und das sie tragende Milieu der Kreativen und Intellektuellen nicht ihrerseits Werte wie Diversität, Flexibilität, Offenheit und Buntheit auf die politische Agenda gehoben hätten. In einer seltsamen, aber gesellschaftlich überaus mächtigen, geradezu allmächtigen Mesalliance verstärken sich so die akademisch geprägte emanzipatorische Neue Linke und die Erfordernisse des spätmodernen Kapitalismus gegenseitig. Folgerichtig entwickeln sich die Ideen der herrschenden Klasse nicht nur zu den herrschenden Ideen einer Gesellschaft, sondern gelten zugleich als ideologischer Ausweis, zumindest potentiell zur tonangebenden Klasse zu gehören. Moral wird zum entscheidenden sozialen Distinktionsmerkmal und zum sozialen Kapital. Die richtige Gesinnung wird ebenso zur Bedingung für den sozialen Aufstieg wie ein entsprechender progressiver Lebensstil, der die herrschende Ideologie beglaubigt.

Dieser Sieg der Ideologie über die Realität wäre nicht möglich gewesen ohne Ideologen und eine Gesellschaft, die Ideologen als neue Sinnstifter benötigt. Denn in modernen Kommunikations- und Mediengesellschaften reicht es nicht, dass die gesellschaftlichen Eliten eine herrschende Meinung haben – sie muss auch propagiert und über alle Kanäle in die Gesellschaft hineingebrüllt werden, am besten in der Endlosschleife.

Erleichtert wurde diese geschlossene Ideologisierung der Gesellschaft, wie schon oben beschrieben, durch die Individualisierung und den damit einhergehenden Wunsch, zumindest eine abstrakte Heimat aus Normen und Idealen zu haben, die zudem den emanzipatorischen Lebensstil moralisch überhöhen und zum Ausdruck universaler Werte machen. Aus diesem Grund werden individualistische Wohlstandsgesellschaften paradoxerweise von einem außengeleiteten Charaktertypus dominiert. »Das gemeinsame Merkmal der außengeleiteten Menschen besteht darin, dass das Verhalten des Einzelnen durch die Zeitgenossen gesteuert wird; entweder von denjenigen, die er persönlich kennt, oder von jenen anderen, mit denen er indirekt durch Freunde oder durch die Massen-Unterhaltungsmittel bekannt ist«, so der amerikanische Soziologe David Riesman schon Anfang der fünfziger Jahre. Gesteuert werde dieser moderne Gesellschaften prägende Typ durch ein Abhängigkeitsgefühl, das dem Kind frühzeitig eingepflanzt werde. »Indem der Mensch auf diese Weise ständig in engem Kontakt mit den anderen verbleibt, entwickelt er eine weitgehende Verhaltenskonformität.«[9] Entsprechend will der außengeleitete Charaktertyp, allem verinner-

9 D. Riesman, Die einsame Masse, S. 55.

lichten Individualismus zum Trotz, nicht aus dem Alltag ausbrechen. Modern gesprochen, ist er achtsam und empathisch. Extravaganzen leistet er sich allenfalls in der Freizeitgestaltung, allerdings nur innerhalb des vorgegebenen Rahmens honorierter Eigenarten: etwa der Kennerschaft beim Essen oder Wein. Wirkliche innere Überzeugung, für die zu opfern er sich bereit wäre, hat der außengeleitete Typus nicht. Dafür hat er einen umso sensibler ausgeprägten Sinn für das aktuell Richtige.

In einer Gesellschaft, die wesentlich durch außengesteuerte Charaktertypen bestimmt wird, muss das Richtige permanent in die Gesellschaft eingespeist werden – über traditionelle, elektronische und digitale Massenmedien, aber auch über Kunst, Theater und Literatur. Ab Ende des 19. Jahrhunderts, spätestens seit Zolas »J'accuse...!«, übernimmt diese Aufgabe der Intellektuelle. Doch der Intellektuelle ist allenfalls eine Übergangsfigur. Insbesondere Intellektuelle haben das immer wieder übersehen. Gerade die Intellektuellenkritik von Intellektuellen neigt dazu, deren Möglichkeiten gründlich zu überschätzen – eine nachvollziehbare *déformation professionnelle*.

Dass schon von George Sorel diagnostizierte und später von Helmut Schelsky aufgegriffene Bild des Intellektuellen als Priester in säkularer Zeit ist vor allem eine Autosuggestion. Bereitwillig übernimmt er die vakant gewordene Stelle des Priesters und geriert sich als Heilslehrer einer neuen Religion. Statt von Gott ist nun von Vernunft, Menschheit oder Humanität die Rede, »und wir fügen hinzu: Emanzipation, Progressivität, klassenlose Gesellschaft, herrschaftsfreie Kommunikation«.[10] Die Gläubigen wachsen ihm aufgrund einer zunehmenden Akademisierung der Gesellschaft heran, die ihn aus eben diesem Grund eifrig unterstützt. Ein neues, weitestgehend kleinbürgerlich und unakademisch geprägtes Publikum wird an die Universitäten geschwemmt. Es bildet sich eine »Reflexionselite« heraus, die nicht ausschließlich Intellektuelle umfasst, sondern ebenso Professoren, Medienvertreter, Lehrer, Beamte, Funktionäre, Designer und Künstler.

Doch der posttheologische Sinngeber im Sinne Schelskys wurde in dem Moment unzeitgemäß, in dem seine Predigt auf fruchtbaren Boden fiel. Denn autonome und emanzipierte Individuen brauchen keine Lehrer einer neuen Orthodoxie. Wenn jeder ein Künstler ist, dann ist auch jeder ein Prediger seiner eigenen Heilslehre. Der Intellektuelle entlarvt sich als letztes Relikt einer den Autoritäten verpflichteten Gesellschaft. Indem er glaubte, an der Befreiung der Menschheit mitzuwirken, bastelte er vor allem an seiner eigenen Marginalisierung. Denn der Erfolg von Ideologien hängt nicht an der Überzeugungskraft oder Denkschärfe von Autoren, Journalisten und Philosophen. Die Macht einer Ideologie, so schon Hans Freyer, besteht vor

10 H. Schelsky, Die Arbeit tun die anderen, S. 98.

allem darin, »dass sie bei allen möglichen und unmöglichen Gelegenheiten erklingt und dass man ihr nicht ausweichen kann. Einer Ideologie gegenüber nützt es nichts, das Radio abzustellen. Diese Wellen sind in der Luft. So oder so treffen sie einen doch«.[11] Denn Ideologien, die erfolgreich sein wollen, werden nicht mit Parolen in die Köpfe gehämmert. Sie schleichen sich ein, unbemerkt, verkleidet als Selbstverständlichkeit. Nicht nur die Sprache verbreitet bekanntlich Botschaften. Jeder Gegenstand, jedes Kleidungsstück, jede Mahlzeit kann Bedeutung tragen. Roland Barthes sprach in diesem Zusammenhang von einer »anonymen Ideologie«,[12] die sich in all den Produkten, Ritualen und Handlungen einer Gesellschaft zeige und alle Bereiche des Lebens durchdringe. Aus diesem Grund sind die wirklich prägenden Ideologien einer Epoche den Zeitgenossen nicht bewusst. Bewusste Ideologien kann man ablegen. Zumindest teilweise. Doch die tatsächlich relevanten Ideologien kontaminieren das Denken unbemerkt. In den Konsumgesellschaften des Westens manifestieren sie sich als Alltagsmoden und Zeitgeisthabitus.

Spätestens mit der Kulturevolution der sechziger Jahre wird die herrschende Mode abgelöst durch die Gleichzeitigkeit der Moden, die sich ihrerseits

11 H. Freyer, Theorie des gegenwärtigen Zeitalters, S. 123.
12 R. Barthes, Mythen des Alltags, S. 127.

immer schneller wandeln. Nicht nur die einzelne Mode wird Ideologieträgerin, sondern der permanente Wechsel und die Parallelität des Modischen. Eine Schlüsselfunktion in Massenwohlstandsgesellschaften spielt dabei die Jugend. Herausgerissen aus der Logik eines determinierenden Kultursystems, ohne eine sich aus der Wirklichkeit ergebende lebensnotwendige Aufgabe wie etwa der Ernte, bekommt das Alter zwischen Kindheit und Erwachsensein einen eigenen Stellenwert. Mit kindischem Trotz wendet man sich gegen die etablierten Formen der Erwachsenen, mit reifem Ernst gegen die Unbeschwertheit des Kindes. Das Ergebnis ist im ungünstigsten Fall ein verbohrter Glaube an die naturgegebene Überlegenheit des eigenen Weltbildes, der befeuert wird durch einen Narzissmus, der Kindern von Wohlstandsgesellschaften mit niedrigen Geburtenraten und alternden Eltern fast zwangsläufig zu eigen ist. Diese als Jugendrevolte missverstandene Kulturtransformation war nur möglich, weil sie den Bedürfnissen und Anforderungen einer hochtechnisierten Konsumgesellschaft entgegenkam. Denn die benötigt keine Hüter des Ewigen und des Wahren, sondern Menschen, die sich für das Neue begeistern, für Flexibilität und Spontanität, und zudem Vergnügen an der Zerstörung des Alten haben.

Erstmals in der Kulturgeschichte wird so der Jugendliche nicht nur zu einem ernstgenommenen Gesprächspartner, sondern zum Vorbild. Ihm eifern die Älteren nach. Seine Perspektive auf die Welt wird normgebend. Nicht nur die Mode wird jugendlich, auch der Habitus, die Umgangsformen, das Denken. Das Unabgeschlossene, Pubertierende wird zum Ideal. Die spätmodernen Gesellschaften befinden sich in der Daueradoleszenz. Greta übernimmt – wütend, empört und zornig. In einer ohnehin infantilisierten Gesellschaft triumphiert der Infantile. Er wird zum Fixpunkt aller Ideologielieferanten und gleichzeitig eifriger Multiplikator eines Weltbildes, das er für die Realität hält. Über die Jugendkultur, über Moden und langfristige Trends sickert so eine konsumkonforme Ideologie von Flexibilität, Diversität und Globalisierung in die Köpfe, die mit dem moralistischen Jargon der Achtsamen, Toleranten und Nachhaltigen fest verschmolzen ist.

Schon in den achtziger Jahren hat Diedrich Diederichsen darauf hingewiesen, dass der Punk die letzte Subkultur war, die einen eigenen Bezugspunkt hatte: nämlich die Bezugslosigkeit selbst. Sein Ziel war nicht die Provokation im Namen antibürgerlicher Werte, vielmehr waren seine Gewaltzeichen »Zeichen dieses Amoklaufes, dieses Sturms auf die Sinnmaschine«.[13] Folgerichtig mündete der Punk als Post-Punk in einen Neoexistentialismus, der ein letztes Mal den potentiell revolutionären Gestus aus Hedonismus und Heroismus herbei-

---

13 D. Diederichsen, Die Auflösung der Welt, S. 170.

zitierte. Diese existenzialistische Pose erwies sich jedoch in einer Konsumgesellschaft auf Dauer als unhaltbar. Übrig blieb der reine Hedonismus.

Das Subversive, das die jugendkulturbegeisterten Gesellschaften der Moderne seit Werther begleitete, löste sich im globalen Angebot der Waren und den Möglichkeiten digitaler Selbstvermarktung auf. Jugendlichkeit, immerhin einmal Attribut des Widerspenstigen, mutierte zum Ausweis eines radikalen Konformismus und seines korrekten Meinens. Popkultur, für wenige Jahrzehnte die Welt der Gegenzeichen, wurde zum bloßen Spiel der Zeichen untereinander, zu reinem Selbstbezug ohne Inhalt. Die Welt ging verloren, Ideologie als omnipräsente Weltdeutung begann das Leben, Denken und Handeln zu infiltrieren. Wo aber der Gegensatz von Realität und Realitätsdeutung sich in einer universalen Simulation auflöst, so schon Jean Baudrillard, werden der Schein und die Illusion zur Sache selbst. Das Reale liegt in Agonie. Das System der Zeichen, Symbole und Bilder ersetzt die Wirklichkeit. Alles ist künstlich. Es gibt kein Authentisches mehr. Zugleich geriert sich die Simulation als Hyperrealität und äußert sich »durch die halluzinierende Ähnlichkeit des Realen mit sich selbst«.[14] Doch wo die Simulation beginnt, betritt man zugleich das Feld der »absoluten Manipulation – man ist nicht mehr

14 J. Baudrillard, Agonie des Realen, S. 41.

passiv, man kann vielmehr aktiv und passiv nicht mehr unterscheiden«.[15]

In der spätmodernen Konsumgesellschaft mit ihren omnipräsenten Massenmedien wird jeder Mensch Propagandist und Propagandaopfer zugleich. Die Unterscheidung in Beeinflusser und Beeinflussten, in Influencer und Influenced ist naiv und verdeckt, dass wir alle Multiplikatoren jener Zeichen sind, die das entfremdete Leben als eigentlich, die Unfreiheit als Freiheit, die Homogenität als Buntheit und den Selbstverlust als Emanzipationsgewinn erleben lassen. In der Hyperrealität der ideologischen Simulation wird jeder Sneaker, jeder Haarschnitt, jeder Fahrradtyp und jede Kücheneinrichtung zu einem Bekenntnis. Indem wir konsumieren, werden wir zwangsläufig Propagandisten der Ideologie der globalisierten, diversen, gegenderten und woken Weltgesellschaft, ohne Herkunft, ohne festgelegte Eigenschaften, ohne Biologie. Eine sinnvolle Trennung zwischen Modehype und politischer Manipulation ist unmöglich. Symptomatisch dafür ist der Fußballstar, der für einen Trikothersteller ebenso wirbt wie für einen Müsliriegel, gegen Rassismus auf die Knie geht und sich mit Diversitäts-Devotionalien schmückt.

In Massenkonsumgesellschaften ist das Produkt die Botschaft und die Botschaft Produkt. Die gesell-

---

15 Ebd., S. 51.

schaftspolitische Haltung ist nicht nur ein Konsumgegenstand unter anderen oder ein Teil des Habitus, sondern mit dem Ganzen des Lebensstils untrennbar verbunden. Sie durchzieht jeden Wunsch, jeden Traum, jeden Plan des spätmodernen Menschen. Und zugleich verhärtet jedes Begehren, jedes Ziel, jeder Kauf die herrschende Ideologie weiter. Schon Anfang der 1960er diagnostizierte Jaques Ellul daher, dass sich die Propaganda von ihrer klassischen Form verabschiedet habe. »Heutzutage«, so schreibt er, »begegnet man Propaganda in exakt *allen* Bereichen des öffentlichen Lebens.«[16] Ihr Erfolg beruht darauf, dass sie die Menschen nicht erst überreden muss. Diese Vorstellung von Propaganda ist naiv. »Wenn Propaganda *erfolgreich* ist«, so Ellul klarsichtig, »dann, weil sie beim Individuum auf ein Bedürfnis nach Propaganda antwortet. Einen Esel, der keinen Durst hat, bringt man nicht zum Trinken«.[17]

Die moderne Propaganda des Lebensstils basiert nicht auf Parolen, Schlagworten und Bannern, auch wenn sie diese hin und wieder zur Selbstversicherung ausformuliert. »Vielmehr wird sie durch ein allgemeines Klima konstituiert, eine Atmosphäre, eine Stimmung, die unbewusst wirkt. Sie gibt sich nicht den Anschein von Propaganda, sondern greift den Menschen bei seinen Sitten, fasst ihn dort, wo

16 J. Ellul, Propaganda, S. 160.
17 Ebd., S. 162.

sich ihm seine Gewohnheiten am meisten entziehen, und verschafft ihm neue Gewohnheiten.«[18]

Der dadurch entstehende Autonomieverlust ist absolut, die Entfremdung allumfassend. Die Propaganda »beraubt das Individuum, entledigt es zwar eines ganzen Teils seiner selbst, lässt es aber gleichzeitig ein simuliertes, fremdes, künstliches Leben führen«.[19] Der Mensch »agiert, ohne nachzudenken, während umgekehrt sein Denken keinerlei Folgen im Handeln mehr hat. Das Denken wird nur noch oberflächlich ausgeübt, hat keinen Bezug zur Wirklichkeit [...]. Und wenn wir dergleichen sagen, dann meinen wir nicht nur allein das Denken der Intellektuellen, sondern wirklich jedes Denken, das der Arbeit, der Politik, des Familienlebens inbegriffen. Es geht um das Vermögen zur Reflexion, das durch die Umstände, in denen der moderne Mensch lebt und handelt, vollends lahmgelegt wurde. Denn um zu handeln, braucht er nicht nachzudenken. Seine Tat wird durch die Techniken, die er zum Einsatz bringt, durch die soziologischen Bedingungen und so weiter bestimmt. Er handelt, ohne von sich aus seine Handlung zu wollen, ohne jemals über ihren Sinn oder die Gründe für diese Tat nachzudenken.«[20] Ideologie hat sich in Lifestyle, Lifestyle in Propaganda aufgelöst, weshalb »die Entfremdung umso größer ist, je mehr das Individuum da-

18 Ebd., S. 90.
19 Ebd., S. 222.
20 Ebd., S. 235.

von überzeugt ist, selbst zu denken, zu fühlen und zu handeln«.[21]

Zu meinen, man könne dieser absoluten Propaganda mit Bildung entgegentreten, ist allenfalls naiv. Denn das, was in spätmodernen Gesellschaften als Bildung an Schulen und Universitäten verkauft wird, ist Systemaffirmation in Reinform: Es ist daher »eine gewisse Kultiviertheit vonnöten, um für Propaganda empfänglich zu sein«.[22] Es sind dementsprechend die Bildungseliten, die am eifrigsten den Zeitgeist, seine Moden und Phrasen replizieren und ihm verfallen sind. Letztlich erweist sich die Propaganda als selbstverstärkend. »Je mehr Propaganda es gibt, umso mehr verlangt die Öffentlichkeit danach.«[23] Die Unmündigkeit ist umfassend.

In dem Versuch, sich ein Reich der Freiheit und Selbstbestimmung zu schaffen, hat sich der Mensch ein Gefängnis konstruiert, das er tragischerweise nicht als Gefängnis empfindet, sondern als Bedingung für seine Freiheit. Das Projekt Emanzipation endet in einer nie dagewesenen Abhängigkeit, der Wunsch nach Autonomie in einem einzigartigen Zwangssystem, der Versuch, das eigene Selbst zu finden, in einer singulären Künstlichkeit. Die Moderne und ihre Werte sind im Moment ihrer Erfüllung gescheitert.

---

21 Ebd., S. 233.
22 Ebd., S. 150.
23 Ebd., S. 239.

VI. Epilog: Einsamkeitsfähigkeit

Bleibt die naheliegende Frage: Was nun? Aus dem Bisherigen sollte deutlich geworden sein, dass eine gesellschaftspolitische Reform der oben skizzierten kulturellen, sozialen, psychosozialen und ökonomischen Prozesse so gut wie ausgeschlossen ist. Zu festgefahren sind die Machtgefüge, zu eng verflochten Ideologieproduktion, Industrie und Medien. Zu sehr fühlen sich die meisten Menschen als Gewinner der gesellschaftlichen Umstände, die ihnen ein hohes Maß an Wohlstand, Fürsorge und sozialer Sicherheit zu garantieren scheinen. Die gesellschaftliche Selbstpropaganda vermittelt dem Einzelnen nicht nur den Glauben an seine eigene Autonomie und macht Opportunismus als Freiheit erlebbar, sondern versorgt ihn mit Gewissheiten, die dem Leben erst Sinn verleihen. »Man kann nicht einmal sagen, dass der Einzelne *sich* darin verortet, denn dabei handelt es sich um keinen willentlichen Akt: Er kann nicht anders, als sich in diesem Zusammenhang wiederzufinden.«[1] Die Integration in die gläubige Gesellschaft ist vollständig: »Ent-

1 Ebd., S. 405.

fremdung liegt dann vor, wenn die Integration in die Gruppe so weit fortgeschritten ist, dass das Individuum nicht mehr in der Lage zu sein scheint, sich von der Gruppe zu distanzieren, sie zu beurteilen und eventuell sich von ihr zu lösen.«[2]

Aufgrund der Amalgamierung von Technik, Wirtschaft, Lifestyle und Ideologie ist es offensichtlich, dass punktuelle Änderungen oder Reformen am Gesamtsystem bedeutungslos bleiben müssen oder sogar stabilisierende Wirkung haben. Wer etwa meint, man könne den Genderismus überwinden und gleichzeitig Smartphones benutzen, hat den inneren Zusammenhang von Technologie und Ideologie nicht verstanden.

Die absehbare Entwicklung in eine immer artifiziellere, durchreglementierte, überwachte, politpädagogisch begleitete quotierte Welt wird daher nur durch eine ökonomische und soziale Katastrophe aufzuhalten sein, die mehr ist als nur eine Krise, sondern die technischen und wirtschaftlichen Strukturen dieser Welt dauerhaft zerschlägt. Diese kathartische Globalhavarie hätte allerdings so gravierende Folgen, dass man darüber streiten kann, ob sie wirklich wünschenswert wäre. Sie stellte allerdings streng genommen die einzige Möglichkeit dar, den in diesem Essay beschriebenen Prozessen Einhalt zu gebieten.

---

2 Ebd., 413.

Bleibt als Ort der Autonomiewahrung allein das Individuum. Nur der Einzelne kann für sich die Integration in die normierenden Sozialgefüge aufbrechen, denn »eine Persönlichkeit: das ist eine Institution in *einem* Fall.«[3] Das aber kann nur gelingen, wenn man bereit ist, innerlich und gedanklich mit den kollektiven Gewissheiten, eingeübten Ritualen und routinierten Glaubensbekundungen zu brechen. Das fällt naturgemäß umso schwerer, je enger die eigene berufliche Existenz, das soziale Umfeld und das Konsumverhalten in das gesellschaftliche Gesamtsystem eingewoben sind. Da der Weg in die soziale Exklave den meisten Menschen jedoch schon aus praktischen Gründen verwehrt ist und zudem unattraktiv erscheint, bleibt nur die Möglichkeit, innerlich die größtmögliche Distanz zu den Scheingewissheiten spätmoderner Gesellschaften aufzubauen. Doch selbst diese Behauptung von Autonomie qua innerer Emigration ist eine Herausforderung: »Der Widerstand erfordert große Opfer; daraus erklärt sich die Überzahl derjenigen, die den Zwang vorziehen.«[4]

Gerade deshalb aber ist die Bereitschaft zur Einsamkeit die notwendige Voraussetzung, die Eigenlogik spätmoderner Gesellschaften zu unterlaufen

---

3 A. Gehlen, Die Seele im technischen Zeitalter, S. 118.

4 E. Jünger, Der Waldgang, S. 323.

und damit »kontingent und aus Kontingenzen heraus«[5] zu existieren. In einer Gesellschaft, deren Entfremdung und Selbstpropaganda – vom Lifestyle über die politische Agitation bis zur Konsumwerbung – in der penetranten Beschwörung des Sozialen, Solidarischen und Gemeinschaftlichen gipfelt,[6] entfaltet allein Einsamkeitsfähigkeit die notwendige subversive Kraft, um deren totalitären Zugriff zumindest auf das eigene Leben abzuwehren.

Dazu gehört es auch, sich endgültig von der Vorstellung zu verabschieden, man könne den Zustand der Entfremdung durch das Erreichen irgendeiner Art von Authentizität überwinden. Das Authentische gibt es nicht. Die Illusion, ein echtes, irgendwie unverfälschtes Leben zu führen und sein wahres Selbst zu finden, beruht auf dem Denkfehler, es gäbe ein wahres Ich, und auf der anthropologisch unsinnigen Annahme eines unverfälschten, eigentlichen Menschseins. Mensch sein bedeutet, künstlich und in diesem Sinne stets entfremdet zu sein.

Entsprechend ist das Konzept der Selbstfindung, die Idee des Selbstseins reine Ideologie, ein Gedanke, der nicht dem Individuum entspringt, sondern ihm von der Gesellschaft diktiert wird. Seine Autonomie wahrt das Individuum nur, indem es

---

5 O. Marquard, Abschied vom Prinzipiellen, S. 18.

6 Denn: »Die Entfremdung erweist sich an den Menschen gerade daran, dass die Distanzen fortfallen«, Th. W. Adorno, Minima Moralia, S. 45.

seine Fremdheit erträgt und verteidigt. Erst in der Fremdheit gegenüber der Welt ist das Individuum bei sich. »Nur Fremdheit ist das Gegengift gegen Entfremdung.«[7]

Nur eine Ethik persönlicher Hermetik ist in der Lage, den Einzelnen vor jener übergriffigen Ideologie zu schützen, die zur Alltagswelt geronnen ist. »Das eigentliche Problem«, so schon Ernst Jünger mit hörbar existentialistischem Pathos, »liegt eher darin, dass eine große Mehrzahl die Freiheit *nicht* will, ja dass sie Furcht vor ihr hat. Frei muss man sein, um es zu werden.«[8] Das aber setzt voraus, dass es dem Einzelnen gelingt, den Vorhang zu zerreißen und das allgegenwärtige Rauschen des Zeitgeistes als Möglichkeit zu begreifen, sich der eigenen Fremdheit und Autonomie erst bewusst zu werden.

7 Ebd., S. 103.
8 E. Jünger, Der Waldgang, S. 363.

Literatur

Adorno, Th. W., Minima Moralia. Reflexionen aus dem beschädigten Leben, in: Ders., Gesammelte Schriften, Bd. 4, Frankfurt a. M. 1980.

Baudrillard, J., Agonie des Realen, Berlin 1978.

Butler, J., Körper von Gewicht, Berlin 1995.

Deneen, P. J., Warum der Liberalismus gescheitert ist, Salzburg/Wien 2019.

Diedrichsen, D., Die Auflösung der Welt. Vom Ende und Anfang, in: Diedrichsen, D., Hebig, D., Marx, O.-D., Schocker. Stile und Moden der Subkultur, Reinbek bei Hamburg 1983, S. 121–164.

Ellul, J., Propaganda. Wie die öffentliche Meinung entsteht und geformt wird, Frankfurt a. M. 2021.

Freud. S., Das Unbehagen in der Kultur, in: Ders., Gesammelte Werke, Bd. XIV, S. 419–505.

Freyer, H., Theorie des gegenwärtigen Zeitalters, Stuttgart 1961.

Fromm, E., Wege aus einer kranken Gesellschaft. Eine sozialpsychologische Untersuchung, München ^{5}2006.

Gehlen, A., Über die Geburt der Freiheit aus der Entfremdung, in: Ders., Gesamtausgabe, Bd. 4, Frankfurt a. M. 1983, S. 366–381.

– Urmensch und Spätkultur, Wiesbaden ^{5}1986.

– Die Seele im technischen Zeitalter. Sozialpsychologische Probleme in der technischen Gesellschaft, Reinbek 1957.

Grau, A., Hypermoral. Die neue Lust an der Empörung, München 2017.
– Kulturpessimismus. Ein Plädoyer, Springe 2018.
– Wo wir sind ist vorne. Die neuen Eliten und ihre Werte, in: K. P. Liessmann (Hrsg.), Die Werte der Wenigen. Eliten und Demokratie, Wien 2020, S. 17–35.
Han, B.-C., Die Errettung des Schönen, Frankfurt a. M. 2015.
Jünger, E., Der Waldgang, Sämtliche Werke, Bd. 9, Stuttgart 2015, S. 281–374.
Kondylis, P., Der Niedergang der bürgerlichen Denk- und Lebensform. Die liberale Moderne und die massendemokratische Postmoderne, Weinheim 1991.
Lévi-Strauss, C., Anthropologie in der modernen Welt, Berlin 2012.
Marcuse, H., Der eindimensionale Mensch, Springe 2014.
Marquard, O., Abschied vom Prinzipiellen, in: Ders. Abschied vom Prinzipiellen, philosophische Studien, Stuttgart 1981, S. 4–22.
– Zeitalter der Weltfremdheit? Beiträge zur Analyse der Gegenwart, in: Ders., Apologie des Zufälligen, Stuttgart 1986, S. 76–97.
Marx, K./Engels, F., Die deutsche Ideologie, in: MEWE, Bd. 3, Berlin ^{5}1978, S. 5–530.
– Das Kommunistische Manifest, in: MEWE, Bd. 4, Berlin ^{11}1990, S. 459–493.
Marx, K., Ökonomisch-philosophische Manuskripte,

in: MEWE, Ergänzungsband, Teil 1, Berlin [4]1977, S. 465-588.

Marx, O.-D., Endstation irgendwo. Ein Flug durch die Zeit, in: Diedrichsen, D., Hebig, D., Marx, O.-D., Schocker. Stile und Moden der Subkultur, Reinbek bei Hamburg 1983, S. 121–164.

Reckwitz, A., Die Erfindung der Kreativität. Zum Prozess gesellschaftlicher Ästhetisierung, Berlin 2012.

– Das Ende der Illusionen. Politik, Ökonomie und Kultur in der Spätmoderne, Berlin 2019.

Riesman, D., Die einsame Masse. Eine Untersuchung der Wandlungen des amerikanischen Charakters, Darmstadt / Neuwied / Berlin 1956.

Rosa, H., Beschleunigung und Entfremdung. Entwurf einer kritischen Theorie spätmoderner Zeitlichkeit, Berlin 2013.

Schelsky, H., Die Arbeit tun die anderen. Klassenkampf und Priesterherrschaft der Intellektuellen, Opladen [2]1975.

Sedlmayr, H., Verlust der Mitte. Die bildende Kunst des 19. und 20. Jahrhunderts als Symbol der Zeit, Salzburg 1948.

Sieferle, R. P., Epochenwechsel. Die Deutschen an der Schwelle zum 21. Jahrhundert, Berlin 2017.

Sloterdijk, P., Weltfremdheit, Frankfurt a. M. 1993.

– Die schrecklichen Kinder der Neuzeit, Berlin 2014.

Spengler, O., Der Mensch und die Technik. Beitrag zu einer Philosophie des Lebens, München 1932.

2022
zu Klampen Verlag
Röse 21 · D-31832 Springe
info@zuklampen.de · www.zuklampen.de

Reihenentwurf: Martin Z. Schröder, Berlin
Satz: textformart, Göttingen
Gesetzt aus Baskerville Ten
Druck: CPI – Clausen & Bosse, Leck

ISBN 978-3-86674-804-0

Bibliographische Information der
Deutschen Nationalbibliothek:
Die Deutsche Nationalbibliothek
verzeichnet diese Publikation in der
Deutschen Nationalbibliographie;
detaillierte bibliographische Daten
sind im Internet abrufbar:
http://dnb.d-nb.de